edition unseld 46

Im Multitasking karikiert sich die Moderne selbst. Menschen, die unterschiedliche Dinge gleichzeitig verrichten, die telefonieren, Auto fahren und Kaffee trinken, stehen nicht umsonst am Pranger verfehlter Aufmerksamkeitsökonomien. Was die Wissenschaft, allen voran Psychologie und Hirnforschung, an Einwänden gegen das Multitasking vorbringt, hat gegenüber der Allgegenwärtigkeit des Phänomens kaum eine Chance. Umso mehr stellt sich die Frage, warum dessen Wirkmacht derart ungebrochen scheint. Es ist eine Ökonomie der Spaltung, die dies möglich macht.

Stefan Rieger, geboren 1963, lehrt Mediengeschichte an der Ruhr-Universität Bochum. Im Suhrkamp Verlag erschienen zuletzt: *Schall und Rauch. Eine Mediengeschichte der Kurve* (stw 1849) und (zusammen mit Benjamin Bühler) *Das Wuchern der Pflanzen. Ein Florilegium des Wissens* (es 2547).

Multitasking
Zur Ökonomie der Spaltung

Stefan Rieger

Suhrkamp

Die *edition unseld* wird unterstützt durch eine Partnerschaft mit dem Nachrichtenportal *Spiegel Online*. www.spiegel.de

1. Auflage 2012
edition unseld 46
Originalausgabe
© Suhrkamp Verlag Berlin 2012
Alle Rechte vorbehalten, insbesondere das der Übersetzung,
des öffentlichen Vortrags sowie der Übertragung
durch Rundfunk und Fernsehen, auch einzelner Teile.
Kein Teil des Werkes darf in irgendeiner Form
(durch Fotografie, Mikrofilm oder andere Verfahren)
ohne schriftliche Genehmigung des Verlags reproduziert
oder unter Verwendung elektronischer Systeme
verarbeitet, vervielfältigt oder verbreitet werden.
Satz: TypoForum GmbH, Seelbach
Druck: Druckhaus Nomos, Sinzheim
Umschlaggestaltung: Nina Vöge und Alexander Stublić
Printed in Germany
ISBN 978-3-518-26046-3

Multitasking

Inhalt

1 Wohlfeiler Einstieg – Karikaturen ihrer Selbst   9
2 Drehzahl und Heldenzeit – ein historisch-numerisches
   Intermezzo 25
3 Im Vorhof der Wissenschaft 46
4 Mal sehen – im Gehirnkino der Kognitionsforscher . . . 61
5 Zurück in die Steinzeit 74
6 Flaschenhälse und was in ihnen stecken bleibt 90
7 Divide, impera! 106

Anmerkungen 121

1 Wohlfeiler Einstieg – Karikaturen ihrer Selbst

»Besonders des Nachts freute er sich des breiten Raumes im Bette und benutzte sehr ökonomisch diese schöne Zeit, sich für die kommenden Tage zu entschädigen und seine Person gleichsam zu verdreifachen, indem er unaufhörlich die Lage wechselte und sich vorstellte, als ob drei zumal im Bette lägen, von denen zwei den Dritten ersuchten, sich doch nicht zu genieren und es sich bequem zu machen.«
Gottfried Keller, »Die drei gerechten Kammacher«

Im Multitasking karikiert sich die Moderne selbst. Menschen, die unterschiedliche Dinge gleichzeitig verrichten, die gehend simsen, telefonierend Auto fahren und Medien nur noch als Hintergrundgeräusch bei der Hausarbeit oder auf den Laufbändern der Fitnessstudios konsumieren, werden nicht umsonst durch die kritischen Register der Feuilletons gezogen und an den Pranger verfehlter Aufmerksamkeitsökonomien gestellt. Von allen Seiten argwöhnisch beäugt, wird ihnen zum Verhängnis, dass sie zu viel und dass sie vor allem zu viel gleichzeitig tun. Das alles kann weder gut sein, noch kann es auf Dauer gutgehen. Und dass die vielfältigen Lifestyle-Produkte der Unterhaltungselektronik als Ablenkungsagenten stets mit von der Partie sind und dass sie sich in gesteigerter Form in einen Schauplatz irgendwelcher Nebenapplikationen verwandelt haben, macht die Sache auch nicht besser – Knopf im Ohr hin, Smartphone in der Hand her. Der Wunsch nach Konzentration auf das, was früher einmal das Wesentliche genannt und dadurch von Ablenkungen abgeschirmt werden konnte, scheint hoffnungslos naiv. Die gestressten Zeitgenossen haben sich mitsamt ihren Medien in Nebengebräuchen verloren – und das kulturkritische Lamento trägt nicht wirklich dazu bei, sie wieder in die Spur zu bringen. Ein Telefon etwa, das nur noch seinem griechischen Wortlaut folgt und zum Fernsprechen benutzt wird, ist ein markttechnischer Atavismus – ebenso wie ein menschlicher Fernsprecher, der ganz in seinem Tun aufgeht und nicht doch noch irgendetwas nebenbei erledigt, der unter den Bedingungen verkabelter Telefonapparate Männchen kritzelt und Einkaufslisten schreibt oder den Gewinn an schnurloser Freiheit nutzt, um den Geschirrspüler auszuräumen und Wäsche aufzuhängen. So ernst erscheint die Lage, dass die Sorge um das Multitasking längst das Gesundheitssystem und namentlich die Krankenkassen erreicht hat. Die Hauspostille der privaten Krankenversicherung DKV – *DKV impulse* – warnt in ihrer ersten Ausgabe des Jahres 2011 eindringlich vor den Gesundheitsrisiken des »Multi-Tasking« und propagiert bei ihren Mitgliedern die alte Kunst des systematischen Hinter- und geordneten Nacheinanders.[1]

Das an dieser Stelle stereotyp angebrachte Argument verweist auf einen unaufhaltsamen Trend zur Selbstökonomisierung, dem die Menschen zunehmend unter- oder gar erliegen. Selbst der Schlaf, so redet man uns inzwischen ein, sei davon betroffen, ist er doch laut der einschlägigen Literatur jene Phase, in der, wenn sonst schon nichts passiert, wenigstens das Gewicht reduziert, Fremdsprachenkenntnisse erweitert oder nachträglich noch die Qualifikation zum Betriebswirt erworben werden soll. Flankiert von unterschiedlichen Theorieangeboten nicht zuletzt der Soziologie, ist es der Typus des unternehmerischen Selbst, den seine eigene Inbetriebnahme und Bewirtschaftung unter jenen Druck setzt, dem er durch Strategien der Gleichzeitigkeit zu genügen sucht.[2] Die parallele Abarbeitung unterschiedlicher Tasks, wenn man schon hier die Terminologie der Informatik aufgreifen möchte, sichert ihm Effizienzressourcen, ohne die er gegenüber der Schar anderer unternehmerischer Selbste ins Hintertreffen

Abb. 1: Multitasker I (tierisch), gepostet von »Janet« auf dem Blog *Do it Better*.

gerät. Die Folgen dieser Haltung sind so vielfältig beschrieben worden, dass es gleichermaßen wohlfeil wie überflüssig wäre, sie in Exempeln noch eigens vor Augen zu führen.

An dieser Stelle genügt daher vielleicht der Verweis auf eine entsprechende Ikonografie, die das Multitasking in der Bilderwelt vielgliedriger Gottheiten verortet und mit dem Lotussitz die lokale Herkunft dieser Referenz visuell untermauert.[3] Googelt man den Begriff Multitasking unter Zuhilfenahme der Bildfunktion, wird angesichts der Dominanz solch krakenhafter Wesenheiten allerdings noch etwas anderes deutlich: Es sind nicht mehr nur die Zuschreibungen von außen, die in dieser Ikonografie ihre probate Veranschaulichung finden, sondern sie bestimmt mittlerweile in hohem Maße Selbstwahrnehmung und Selbstbild der Betroffenen – wie freimütige Einschätzungen im Internet zeigen.

Entsprechende Einträge folgen dabei ganz der Geschlechterkonvention und weisen das Multitasking als reine Frauensache aus. Ein Herr gesteht dort unumwunden ein, dass er schon durch

Abb. 2: Multitasker II (weiblich) (Stock-Fotografie).

die bloße Gleichzeitigkeit von Babybetreuung und Notdurftverrichtung überfordert sei, wohingegen die zugehörige Kindsmutter in der gleichzeitigen Abwicklung von Routinen glänze, so dass bei ihr neben sämtlichen Obliegenheiten der Kleinkinderbetreuung auch noch das Ausfüllen von Steuererklärungen und sogar die Durchführung von Herzoperationen ihren Platz fänden. Wie wirkmächtig das Klischee ist, dem zufolge vor allem Männer an den Anforderungen der Gleichzeitigkeit scheitern, stellt mustergültig eine animierte Bildfolge vor Augen, die der wechselseitigen Ausschließlichkeit von Körperhygiene und Toilettengang bei Männern gewidmet ist – mitsamt ihren verheerenden Folgen für ein derart benutztes Badezimmer.

Für die Kontextualisierung multitaskingfähiger Wesenheiten

Abb. 3: Multitasker III (männlich), in animierter Form auf einem portugiesischen Blog gefunden.

taugt jedoch nicht nur der Alltag. Nicht zuletzt ist auch das Reich bloßer Fantasien sachdienlich, wenn dort etwa die genetischen Folgen von Atombombenexplosionen durchgespielt und für alternative Baupläne von Organismen ausgeschöpft werden. In Arno Schmidts *Gelehrtenrepublik*, einem im Jahr 1957 veröffentlichten *Kurzroman aus den Roßbreiten*, sind unkontrollierte Mutationen längst dystopische Realität: Mehrgliedrigkeit wie die Hexapodie und artenübergreifender Sex waren in der damals noch fernen Zukunft des Jahres 2008 handlungsleitend – jedenfalls am Ort des Geschehens, einem von Hominiden bevölkerten Streifen im Westen der USA, in dem die bizarren Resultate durch Radioaktivität verursachter Mutationen sorgsam unter Quarantäne gehalten werden.⁴ Wollte man lieber innerhalb einer *natürlichen* Natur verbleiben, so fände man auch hier mit vielarmigen Kraken oder vielgliedrigen Tausendfüßlern Protagonisten, die sich zur Veranschaulichung anböten.⁵ Das Reich der Übertiere hält seine Pforten geöffnet – ebenso wie die technischen Rüstkammern, die ihrerseits mit imposanten Organvervielfältigungen aufwarten. Spidermans Kontrahent Doc Ock (für Octopus) ist eine solche parallel arbeitende Kampfmaschine – bestückt mit einer Batterie unabhängig voneinander einsetzbarer Gliedmaßen, die seine Durchschlagskraft entsprechend potenzieren.

Versucht man, solche Bilder und das Feuilletonwissen über den Alltag überlasteter Multitasker wissenschaftlich zu erfassen, zeichnet sich ein Typus ab, der sich keineswegs in der Kasuistik irgendwelcher Fallgeschichten und Typenkarikaturen erschöpft – um das all(ge)fällige Gender-Argument vom Multitasking-Monopol der Frauen gar nicht erst weiter zu strapazieren.⁶ Man könnte in ihm mit dem Soziologen Niklas Luhmann nicht weniger als das Resultat eines großangelegten sozialen Wandels sehen, an dessen Ende das aufgeklärte Individuum in seiner vollen Strahlkraft zum Erscheinen kommt. Die für die Systemtheorie Luhmanns alles entscheidende Frage, warum um alles in der Welt ein Individuum identischer mit sich und damit individueller als andere sein können soll, wird, vielleicht nicht in der Theorie, sehr wohl aber in der Praxis, häufig operativ entschieden – auf Kosten und mithilfe konsequenter Zeitnutzungen. Ausgehandelt wird die Individualitätszumutung, die den Übergang von hierarchischen zu funktional ausdifferenzierten Gesellschaftsformationen markiert und damit den Weg in die Moderne ebnet, über Steigerung und Zeitoptimierung, über Strategien der Selbstüberbietung und der mehr oder weniger passgenauen Taktung. Und weil an diesem Punkt die Ausprägung individueller Lebensstile und die Ökonomie der Selbstbewirtschaftung in ihrem theoretischen Anliegen in dieselbe Richtung zielen, erschöpft sich diese Geschichte keineswegs in der erwartbaren Einsinnigkeit lebensweltlich lokalisierbarer Leistungszumutungen. Sie ist gerade nicht auf einzelne Bereiche wie eine im Wandel begriffene Arbeitswelt einzuschränken, die, wie es in einer unlängst ausgestrahlten Fernsehserie hieß, *Deutschland unter Druck* setzt, sondern sie betrifft das Leben in seiner ganzen Fülle – auch und gerade in der Freizeit, der vormaligen Oase der Regeneration. Warum also ist die Wirkmacht der Mehrfach- und Parallelverarbeitung so ungebrochen, wenngleich sogar die wissenschaftlichen Begleitprogramme durchaus skeptisch sind und inzwischen wieder verstärkt der Serialität das Wort reden – einem Prinzip, das andernorts in seinen Schwächen zunehmend erkannt und durch Alternativen ersetzt worden ist? Längst sind wir es gewohnt, dass die einsinnige Linearität der Schrift durch Strukturen wie den Hypertext ergänzt bzw. verdrängt wird, wir nutzen Wissen in veränderten medialen Applikationen, Organisationsformen und Verweisstrukturen. Warum scheinen solche Parallelaktionen am Menschen zunehmend zu scheitern, und warum wird dennoch allerorten daran festgehalten?

Die Antwort auf die Frage nach der Beharrlichkeit des Multitasking hat mehrere Stoßrichtungen und, diesen geschuldet, unterschiedliche Narrative und Agenten, denen hier probeweise nachgegangen werden soll. Gestreift werden dabei Dinge, die auf den ersten Blick nichts oder nur wenig miteinander zu tun haben, die in ihrer Gänze aber ein Tableau ergeben, das für das Selbstverständnis und die Selbstbeschreibung der Gegenwart ein hohes Maß an Schlüssigkeit aufweist. Reizvoll daran ist nicht nur, dass unterschiedliche Wissens- und Disziplinformen aneinander geraten, etwa zur Veranschaulichung eines Arguments, zur

Untermauerung einer Theorie sowie zur personalen Exemplifizierung durch einen bestimmten Typus, sondern dass in diesem Durchlauf historische Bezüge eine sonderbare und schwer zu beschreibende Rolle spielen. Was sich zeigen wird, sind Überkreuzstellungen von Positionen, die gerade angesichts von Veränderungen in den Naturwissenschaften Relektüren alter kultureller Phantasmatiken ermöglichen und somit rückwirkend zu deren Verständnis beitragen. Das ist zunächst und zugegebenermaßen trivial. In dem Moment, in dem das Fliegen oder die Raumfahrt technische Wirklichkeit geworden sind, haben Luftraum und fremde Planeten ihr Potenzial als phantasmatische Fluchtpunkte für die Zukunft eingebüßt. Weniger trivial ist aber der Befund, dass in diesem Prozess Natur und Kultur auf eine Weise in Stellung gebracht werden, die widersprüchlicher kaum sein könnte. Die Wechselhypothek verspannt Zukünfte und Vergangenheiten in einer Zeitlichkeit, die alles andere als linear ausgerichtet ist. Eigentlichkeit und Uneigentlichkeit, Wunschdenken und technische Realisierung, anthropologische und technische Datenverarbeitung, menschliche Kognition und Computertechnik, die grotesken Körper der Natur und die Möglichkeiten der transgenen Biologie – sie alle mitsamt den Beispielen und Typen, den Anwendungs- und Veranschaulichungsfeldern erzählen eine Geschichte, an deren Ende der Tritt in die Multitasking-Falle nicht ein beliebiges Ereignis unter anderen ist, sondern die *conditio humana* der Gegenwart und ihrer Zukunft. Allen Ratgebern und ihrer Rhetorik zum Trotz nimmt diese Verfasstheit ihr Maß kaum verhohlen und auf eine bestimmte Weise dennoch unterschwellig an den Möglichkeiten technischer Medien. Im Multitasking ist die Sorge um den Menschen mit der um die Maschine geeint.[7]

Hinter dieser Geschichte der modernen Individualisierung

steckt jedoch noch eine andere. Es ist eine Geschichte, die scheinbar unbeschadet aller Vorgaben der Philosophie, aber auch der zuständigen Menschenwissenschaften und des sogenannten Alltagssachverstands den Status personaler Identitäten eigenwillig verhandelt. Auf die Frage *Wer bin ich – und wenn ja, wie viele?*, die ihrem Verfasser, dem Philosophen Richard David Precht, immerhin eine Aufmerksamkeit weit über den Tellerrand seiner Fachdisziplin hinaus und Auftritte in zahllosen Fernsehshows beschert hat, gibt sie eine Antwort, die sich nicht in der wohlfeilen Beschreibung von Rollenvervielfältigungen in funktional ausdifferenzierten Gesellschaften erschöpft oder sie auf die Flexibilitätsforderungen einer unter Druck geratenen Lebens- und Arbeitswelt herunterbricht.[8] Vielmehr veranschlagt sie die Identität als eine zählbare Ressource mit steigerbarer Wertschöpfung und nimmt den Vorsatz beim Wort, mehr gelten zu wollen, als man es nach gängigen Konzepten personaler Identitäten kann. Derlei Geltungssucht hat nur wenig zu tun mit der Renommiererei als einer charakterologischen Fehlentwicklung und dem Renommisten als ihrem selbstüberheblichen Akteur. Wie an zahlreichen Fallgeschichten zu zeigen sein wird, verbleibt ihr Potenzial nicht im Metaphorischen, sondern soll der Sache nach Bestand haben und einem numerischen Wortsinn Rechnung tragen. Wie viele bin ich also wirklich, für wie viele kann ich mich halten – und wie hoch ist der Preis, den ich für derartige Optimierungen zu zahlen habe? Denn um eine solche Potenzierung zu erreichen, werden Strategien und Medien der Selbstvervielfältigung ersonnen, die das lineare Abarbeiten von Tasks durch Techniken vermeintlicher oder echter Parallelverarbeitung ersetzen wollen. Nach dem Grundsatz *divide et impera* wird sich geteilt, um, derart vervielfältigt, den Anforderungen der modernen Lebenswelt zu genügen. Der Befehl *divide et impera*, der den Maximen machiavellistischer Machtpolitik entstammt und Vorläufer in der nicht weniger machttrunkenen Kriegskunst des chinesischen Generals Sunzi hat, taugt als Versatzstück einer unablässigen Arbeit an und einer Sorge um sich – im Sinne jener Bestimmung, die ihr der späte Foucault zugedacht hat.

Dabei ist ein Aspekt besonders herauszustreichen. Dieser zielt auf die Möglichkeit, das Verhältnis von Spaltung und Vervielfältigung so zu konzeptualisieren, dass es nicht reflexartig dem Bereich des (Psycho-)Pathologischen und aller möglichen Symptomatiken von Depersonalisation, multipler Persönlichkeit und krankhafter Schizophrenie zugerechnet, sondern gerade umgekehrt zur Forderung und zur Herausforderung einer neuen Ökonomie erhoben wird.[9] Der neue, der polypersonale *Schizo* ist ihr positives Leitbild, er ist es, der zur systemnotwendigen Einlösung gouvernementaler Selbstregierungs- oder Selbstumgangskünste taugt.[10] Dieses Leitbild wird an unterschiedlichen Orten reflektiert und ausgehandelt, die trotz aller Gestreutheit einen gemeinsamen Fluchtpunkt zu haben scheinen und dort mitsamt den zugehörigen Teilgeschichten und ihren Protagonisten zusammenlaufen. Multitasking, wie es etwa der amerikanische Multimind-Performer Harry Kahne in den zwanziger Jahren durch Einsatz verschiedener Psycho- und Kulturtechniken einem staunenden Publikum vor Augen führte, ist nicht weit entfernt von gegenwärtigen Spekulationen, die im Umfeld eines *biological engineering* laut werden. Kahne jedenfalls verstand es, mit seinen vier Extremitäten und seinem Mund gleichzeitig auf eine Tafel zu schreiben, und auch sonst soll er in der Lage gewesen sein, bis zu sechs Tasks parallel und in allen denkbaren Körperhaltungen zu prozessieren – so war es naheliegend, dass er später als der Proto-Multitasker schlechthin gefeiert werden konnte. Das Alleinstellungsmerkmal, auf dem seine enorme Popularität und Marktfähigkeit gründeten, war seine sprichwörtliche Vielfalt: Kein Wunder, dass »The Man with the Multiple Mind« in seiner Unvergleichbarkeit als »The Incomparable Mentalist« bejubelt wurde, kein Wunder, dass der »Multiple Mentality Course«, den er anbot, sich großen Zulaufes erfreute und sogar zunehmend wieder erfreut: Vertrieb und Kommunikation erfolgen inzwischen via Internet, wo die Ratschlüsse des magischen Kahnes in die Rubrik diverser Selbstoptimierungskünste fallen – ein Besuch auf der Seite www.self-improvement-ebooks.com genügt, um sich solcher Imperien selbst zu bemächtigen. Auch die mit derlei Phänomenen verbundene Gruppenbildung hat nicht lange auf sich warten lassen: Wie eine Website der School of Phenomenal Memory Community belegt, lebt dort das Gedächtnis an ihn fort – etwa in Form von Links, mit denen die Mitglieder auf die Nähe der dort erlernten Techniken zu Kahne hinweisen.[11] Wieder sind es Vervielfältigungsszenarien und ihre Verkörperungen, die Kahnes Anliegen mit einem naturwissenschaftlichen verbinden und die in einer aktuellen Diskussion verhandelt werden, die grundsätzlicher nicht sein könnte: Ausgelotet werden dabei die Chancen und Risiken einer Technik, die unter dem Label des Transhumanismus weit über die akademischen Spiegelfechtereien hinaus für Furore sorgt – nicht zuletzt, weil sie sehr handgreifliche Konsequenzen für die Definition des Menschen und die Ausgestaltung seiner künftigen Lebenspraxis hat.[12]

So stellt Jean-Marie Lehn, der Begründer der submolekularen Chemie und Nobelpreisträger des Jahres 1987, entsprechende Überlegungen in den Kontext dessen, was unter die Zwischenüberschrift »Die Befreiung des Menschen von den Ketten der Evolution und der Dualismus von natürlich und unnatürlich« fällt.[13] Anlass ist ein unlängst geführtes Gespräch über die Zukunft von Mensch und Technologie, genauer noch: über die Fra-

Abb. 4: Aus einem *Wochenschau*-Film von 1938:
Der »ultimate multitasker« Harry Kahne schreibt kopfüber
und rückwärts eine Textpassage aus einem Buch ab,
während er sich mit dem Publikum unterhält.

ge, ob wir auf der Grundlage neuer naturwissenschaftlicher Erkenntnisse ewig werden leben können und ob wir das überhaupt wollen. Befragt nach den Möglichkeiten der von ihm mitbegründeten Synthetischen Biologie, gerät Lehn auf ein exemplarisches Feld der Perfektibilität, das er an der Befähigung zum Multitasking veranschaulicht. Was zunächst harmlos und nicht frei von Ironie wirkt (die Möglichkeit etwa, gleichzeitig zu schlucken und zu atmen), führt schnell zu grundsätzlichen Überlegungen, die an die Ikonografie parallel verarbeitender Hausfrauen und Performancekünstler, aber auch an die radioaktiv verseuchter Mutanten und technisch hochgerüsteter Kampfmaschinen anschließt: Warum, so sinniert der Chemiker und Nanotechnologe, sollte es nicht sinnvoll und zielführend sein, einen Menschen mit Flügeln oder mit vier Armen zu züchten – mit Blick auf die Resultate transgener Manipulationen in der Embryologie sei dies schließlich ein inzwischen vergleichsweise bescheidenes Unterfangen. Längst schon gäbe es, wie er mit Verweis auf die Arbeiten des Basler Embryologen Walter Gehring ausführt, Fliegen, die funktionstüchtige Augen an den Beinen haben, und überdies würde ihn, den um kulturellen Ausgleich bemühten Naturwissenschaftler, Mehrhändigkeit in die Lage versetzen, ohne einen musikalischen Partner vierhändig Klavier spielen zu können. Für die Vorhaltung seines Gesprächspartners, des Systembiologen Roman Brinzanik, damit werde die Grenze des Menschlichen gestreift oder gar überschritten, hat Lehn wenig Verständnis. Vielmehr kontert er mit dem sehr grundsätzlichen Hinweis, von Menschenhand geschaffene Dinge könnten überhaupt nicht unnatürlich sein, weshalb derlei Veränderungen selbst Teil des evolutionären Programms seien. Warum also sollte man auf die Möglichkeit verzichten, allein vierhändig zu musizieren oder sich auf derart natürliche Weise Flügel verleihen zu lassen?

Der Schriftsteller Jean Paul (1763-1825) schlägt fernab der Realität solcher Züchtungen in seinem Roman *Dr. Katzenbergers Badereise* einen achtbeinigen Doppelhasen vor, dessen sonderbar potenzierte Verfasstheit die Begehrlichkeiten des Anatomen Katzenberger auf sich zieht. Nicht nur der Umstand, dass in einem Zwischenkapitel mit der Überschrift »Mißgeburten=Adel« die Monstrosität als Wissensgenerator gefeiert wird, verbindet Jean Paul und seinen Doppelhasen mit einem ökonomischen Kalkül. Nicht das vierhändige Klavierspiel mit sich selbst, welches die Überlegungen des Submolekulargenetikers angestachelt hatte, sondern die Effizienz des historischen Botenwesens mit Relaisstationen, die dem Pferdewechsel dienten, werden jenem mit einem doppelten Satz Beine bestückten Wundertier, das »sogar sich an sich selber, wie an einem Bratenwender, hat umdrehen und auf die vier Relais-Läufe werfen können, um auf ihnen frisch weiter zu reisen, während die vier ausgespannten in der Luft aufruhten und selber ritten«, zum Vorbild.[14]

Bei aller Ironie solcher Stellen, die von der grotesk anmutenden Vervielfältigung irgendwelcher Körpergliedmaßen und ihren multiplen Verwendungsmöglichkeiten handeln, zeugen die entsprechenden Spekulationen über den Selbstflug, das vierhändige Klavierspiel und das gedoppelte Botenwesen gleichwohl vom Fortbestand der fraglichen Figur. Aber mehr noch: Die Spekulationen anlässlich der Transgenetik verdeutlichen, dass diese Figur stets zwischen unterschiedlichen Interventionsweisen zu wechseln wusste: zwischen Natur und Kultur, kulturtechnischen Operationen und realen Interventionen, Wunschmaschinen und technischen Realisierungen, Literatur und Labor, Science und Fiction, Humanismus und Transhumanismus. Es zeigt sich aber auch, dass sie in den Grundzügen ihrer Konfiguration trotz allem stabil geblieben ist. Unbeschadet des Kontexts und des Realisierungsgrads führen auch hier personale Vervielfältigungen oder zumindest deren Teilaspekte Regie. Dabei liegt das Faszinosum weniger dort, wo man es erwarten würde: in der Potenzierung mit sich identischer Einheiten. Das wäre vergleichsweise trivial, weil in seiner multiplen Wertschöpfung betriebswirtschaftlich einfach zu kalkulieren.[15] Doch das naheliegende Kalkül, etwa durch Klonierung dienstbeflissene und willfährige Arbeitermassen zu erzeugen, steht gar nicht im Vordergrund, wenngleich derlei Wertschöpfungsdystopien immer wieder Gegenstand spektakulärer Inszenierungen sind. So werden sie in der Episode um den geklonten Zeichentrickhelden Homer Simpson ebenso karikiert wie in den Weltraumgeschichten eines Ijon Tichy, der sich aufgrund sogenannter relativistischer Effekte plötzlich von Heerscharen seinesgleichen umringt sieht. Da diese allerdings eine sonderbare Arbeitsmoral an den Tag legen, sind ihm seine Doppelgänger nicht wirklich eine Hilfe.

Abb. 5: Der verdreifachte Ijon Tichy (Oliver Jahn) in der Fernsehserie *Ijon Tichy: Raumpilot* (Folge: »Relativistische Effekte, 2007).

Nein, es geht in all diesen Szenarien nicht um das numerische Aus-dem-Ruder-Laufen personaler Identität durch einfache Formen der Vervielfältigung. Vielmehr stehen dabei grundlegende Fragen der Steuerung, der Regulierbarkeit sowie der Komplexität von Prozessen innerhalb einer Einheit im Vordergrund, die bis dahin als mit sich identisch hat gelten können oder hat gelten müssen. Phänomene wie die von Kahne zur Schau gestellte Ambidextrie (also Beidhändigkeit) und Beidfüßigkeit werden zum Anlass, über die Frage nach den Zuständigkeiten zu sinnieren und schließlich darüber zu entscheiden, ob es sich um echte Formen der Parallelverarbeitung handelt oder ob diese durch bestimmte Leistungen lediglich simuliert werden. Kurz: Sie werden zum Anlass, Antworten auf die Frage zu finden, wie viele das fragliche Individuum tatsächlich ist, wie viele es nur zu sein scheint und durch welche Operationen an sich selbst es in den Zustand synchroner Polyfunktionalität gelangen könnte oder hat gelangen können. Auf diese Weise können die bürokratischen oder buchhalterischen Fertigkeiten Harry Kahnes auch in der Gegenwart reüssieren: Was – jedenfalls für den Alltagsbetrieb –

Abb. 6: Szene aus Lars Siltbergs
»Ambidextrous Performance«
(2006).

so scheinbar nutzlos oder beliebig war wie seine Fähigkeit, gleichzeitig in Spiegelschrift zu schreiben, ein Buch zu lesen, mehrere Rechenoperationen auszuführen, ein Poem zu rezitieren und mit seinem Publikum Konversation zu betreiben, ist in seiner Faszination derart ungebrochen, dass es nur in einen anderen Kontext verlagert werden musste, um fortzubestehen. Ein Blick auf die Videoarbeiten des schwedischen Künstlers Lars Siltberg, vor allem auf die »Ambidextrous Performance« aus dem Jahr 2006, macht schnell deutlich, wohin die vormaligen Varieté-Belustigungen und halsbrecherischen Kunststücke Kahnes inzwischen abgewandert sind. Doch im Gegensatz zu Kahne, dessen Vorführungen von Virtuosität geprägt und erfolgreich waren, stellt Siltberg deren Versagen heraus. Die von ihm viergliedrig und auf krakenhafte Weise an die Tafel geschriebenen Wörter bleiben krakelig und vor allem sinnlos. Sie taugen nicht einmal als Bezug zur artistischen Produktionsmaschinerie der Écriture automatique, einem in der Ästhetik gerne bemühten Schauplatz von Unbewusstheit, Unterschwelligkeit und Nebenläufigkeit.[16]

2 Drehzahl und Heldenzeit – ein historisch-numerisches Intermezzo

Man könnte solche historischen Showeinlagen getrost vergessen oder in den Asservatenkammern einer kuriositätenfreudigen und sich für alles zuständig fühlenden Kulturwissenschaft belassen. Man *könnte* es, wenn sie nicht die Grundlagen parat hielten, die für ein Verständnis dieser Faszination unverzichtbar sind. In ihnen überlebt auf besondere Weise ein historisches Wissen, das sowohl der Fremdzuschreibung als auch der Selbstverortung solcher Potenzierungsszenarien seinen Ort zuweist. Kurzgeschlossen werden hier Phantasmen der bürokratischen Effizienz und der militärisch strategischen Überlegenheit, und dabei gewinnt ein Typus an Kontur, der nicht mehr als ausstellbare Ausnahme von der Regel gilt, sondern der sich als selbstauferlegte Norm Bahn bricht. Das wird schnell deutlich, wenn man sich ein Interview ansieht, das der unvergleichliche Kahne im Oktober 1925 dem britischen *Strand Magazine* gab. Neben den erwartbaren Schilderungen seiner virtuosen Parallelverarbeitungskunststücke sticht ein Vergleich mit historischen Gestalten besonders ins Auge. Das Gespräch beginnt nämlich mit einem Hinweis auf Mohammed und Cäsar, Figuren, die ebenfalls in der Lage gewesen sein sollen, mehrere Aufgaben gleichzeitig zu prozessieren. Wie der Interviewer Fenn Sherie augenzwinkernd bemerkt, sei ihm eine direkte Bestätigung solcher Mythen nicht möglich, schließlich könne er weder Cäsar noch Mohammed nach ihren Fähigkeiten befragen – »Not having interviewed either of them I am unable to confirm this«.[1] Umso effektvoller kann er Kahne freilich vor dem Hintergrund dieser Heroen als Held der Gegenwart positionieren, als einen Mann, der zwar weder Militärstratege noch Religionsgründer ist, dessen Gehirn aber bis zu sechs Dinge gleichzeitig auszuführen vermag und dabei nicht weniger als vierzehn unterscheidbare mentale Prozesse vollbringt – jedenfalls nach Meinung ebenso zählfreudiger wie zählwilliger Psychologen.

Mit dem Befund, dass, verglichen mit der Serialität, im Parallelismus großes Optimierungspotenzial schlummert, ist ein Allgemeinplatz sowohl der technischen als auch der anthropologischen Datenverarbeitung aufgerufen. Fasst man darunter Operationen, deren Ziel in der Optimierung des Menschen liegt, gerät man schnell auf das Feld des Gedächtnisses als eines Vermögens, das sich besonderer Hegung und Kultivierung erfreut. Die Mnemonik, die als Systembestandteil der antiken Rhetorik für die Prozessierbarkeit zu haltender Reden zuständig war, unterstand Strategien der Selbstoptimierung, in deren Gefolge sich zunehmend eine eindrucksvolle Kultur der Sorge um das Gedächtnis als Exemplum anthropologischer Parallel-Datenverarbeitung etablieren sollte.[2] Die Historiografie besagter Gedächtniskünste, die in Ratgeber-ähnlichen Traktaten vermittelt wurden, führt immer wieder personale Beispiele und Belege dafür an, dass und wie Menschen sich optimiert haben – indem sie sich regelangeleitet zu vervielfältigen wussten.[3] Als prominente Gewährsleute geglückter Selbstoptimierung werden von der Gedächtniskunstberichterstattung Feldherren wie Cäsar oder Napoleon ins Feld geführt, von denen wundersame Anekdoten der Parallelverarbeitung überliefert sind, die künftigen Adepten als Lernziel vor Augen gestellt werden – etwa die Fähigkeit, mehreren Schreibern gleichzeitig und über völlig verschiedene Gegenstände in die Federn zu diktieren. Begeistert berichtet eine einschlägige Quelle, Johann Christoph Freiherr von Aretins *Systematische Anleitung zur Theorie und Praxis der Mnemonik, nebst den Grundlinien zur Geschichte und Kritik dieser Wissenschaft* aus dem Jahr 1810, von einem namentlich nicht ausgewiesenen Multitasking-Talent, das Harry Kahne in nichts nachstand. Was wurde von diesem Gewährsmann nicht eigens gewürfelt, Karten gespielt, diktiert und geschrieben, um hinterher mithilfe der Mnemotechnik alles wieder in der entsprechenden Ausgangsordnung rückzuerinnern und zu rekonstruieren.[4] Aber diese Schauveranstaltungen hatten über alle Belustigung hinaus einen Zweck, dienten sie doch als Marketing für entsprechende Fertigkeiten. Mit Gleichzeitigkeit, Parallelismus und Selbstpotenzierung rüstete sich die Wissensgesellschaft der Goethezeit für den kommenden Büro- und Angestelltenalltag – sowie für die Zukunft seiner Verarbeitungsmedien und Kommunikationsmaschinerien.[5]

Werbewirksam preist der Autor eines *Compendiums der Mnemonik oder Erinnerungswissenschaft* aus dem Jahr 1804 den Vertretern gleich mehrerer Berufsstände die Praxistauglichkeit einer solchen Kunst an.[6] Dem Advokaten, so ist dort zu lesen, wäre es endlich möglich, hundert und mehr Prozesse gleichzeitig zu führen – unbeschadet ihrer logischen Verwickeltheit und der Komplexität ihrer Daten. Sein Gedächtnis verfügt derart souverän über die *factische Mannigfaltichkeit*, dass er mühelos so reagieren kann, als hätte er die Akten wie in einer Registratur vor sich. Diese mentale Simulation des Lesens auf der Grundlage einer Bibliothek von Gerichtsakten, auf die wahlfrei zugegriffen werden kann, ermächtigt ihn dazu, gleichzeitig mehrere Briefe und Notizen zu unterschiedlichen Materien zu diktieren. Weil aber die Zahl der Diktate auf ihren Diktator zurückstrahlt, schwelgen diese Berichte in Überbietungsgesten und numerischen Kraftmeiereien. Vom Paralleldiktat an zehn, zwanzig, dreißig und mehr Schreiber ist die Rede und die Assoziation der Simultanschachmeisterschaften oder der Architektur moderner Großraumbüros nicht weit. Mit den Oberflächen der Bürokratie hat es jedoch

Abb. 7: Schreibmaschine des Modells Duplex, ein Fabrikat der Firma Sundern und Elschner, Berlin (um 1899) (nach: Peter Bexte »Polymorphe Bilder«, in: *Multitasking – Synchronität als kulturelle Praxis*, a. a. O., S. 25-30, S. 27).

ebenso wenig sein Bewenden wie mit der Bürokratie der Oberflächen. Deren Apparaturen zeigen sich in allen Belangen den neuen Anforderungen gewachsen – um das Wort von der Kompatibilität hier einmal zu vermeiden. Und so findet zu Beginn des 20. Jahrhunderts und im Dienste gesteigerter Leistungsanforderungen eine Schreibmaschine namens Duplex – um 1899 von der Berliner Firma Sundern und Elschner hergestellt – ihren Weg in die Büromaschinenwelt. Ihr ebenso unscheinbares wie einschlägiges Alleinstellungsmerkmal besteht schlicht darin, das einzige Aufschreibesystem zu sein, bei dem das gleichzeitige Drücken zweier Tasten möglich und daher eine Verdopplung der Fingerfertigkeit vonnöten ist.[7]

Diese historiografisch abgesicherte Form des Heroenbezugs ist auch für die frühe wissenschaftliche Aufmerksamkeit verantwortlich, wie sie sich etwa in Georg Flataus kurzer Abhandlung *Über simultane psychische Leistungen* aus dem Jahr 1925 dokumentiert, also zeitnah zu den Höhenflügen Kahnes.[8] Auch der Sanitätsrat und Nervenarzt verweist in seinem Fachbeitrag auf Cäsar und Napoleon, die vormaligen Heroen nachmaliger Bürokratien. Zwar betont Flatau die enorme theoretische wie auch praktische Bedeutung simultaner Verarbeitung, er relativiert allerdings die Forderung nach *gleichzeitiger Mehrleistung* mit dem Hinweis darauf, es handele sich nicht um wirkliche Gleichzeitigkeit und damit auch nicht um eine wirkliche Ökonomie, sondern lediglich um Prozesse mit vielen, rasch aufeinanderfolgenden und daher kaum merklichen Unterbrechungen. Die Rede vom Paralleldiktat ist damit eine uneigentliche. Flataus Beispiele und Selbstbeobachtungen sind dennoch von Nutzen, immerhin verweisen sie ja auf den neuen Büroalltag und seine Medien. So unternimmt er eine sehr frühe Analyse der Situation am Telefon – mit dem Befund, dass die gleichzeitige Niederschrift fernmündlich durchgegebener Informationen ebenso auf das Konto der Simultaneität zu buchen sei wie die psychoanalytisch hinlänglich ausgeschlachtete, da interpretierbare Unart des Kritzelns, des Striche- und Männchenmalens. Schließlich wird auch noch von einem jungen Japaner berichtet, der sich mit seinen Fähigkeiten auch vor Harry Kahne nicht verstecken musste. Der Sanitätsrat zitiert Berichte aus der internationalen Presse, laut denen besagter Japaner die Zeitung zu lesen und parallel dazu mehrere Artikel ins Englische zu übertragen vermochte – selbstredend in Spiegelschrift, die ihrerseits auf dem Kopf stand. Und während er ein Telefongespräch über gesellschaftliche und philosophische Themen führte, soll er zugleich in der Lage gewesen sein, Fahrpreisberechnungen vorzunehmen – und zwar unter Berücksichtigung möglicher Tariferhöhungen.

Mit Menschen, die beidhändig schreiben und sogar Karikaturen zeichnen sowie ihre Gliedmaßen unabhängig voneinander in beliebige Richtungen zu dirigieren vermögen, ist der Anschluss an die Anforderungen der modernen Arbeitswelt endgültig gegeben. Ob Straßenbahn-, Auto- oder Flugzeugführer, ob Maschinenarbeiter oder Schreibmaschinisten, sie alle unterliegen einer Pflicht zur Koordination simultaner Bewegungen. Diese Beobachtung gilt auch für Jongleure und Violinisten, und selbst der Gender-Topos wurde damals bereits bedient. Jedenfalls scheint es das Privileg der Frauen, Konversation zu betreiben und nebenbei Handarbeiten kompliziertester Art zu verrichten. Mit der Stenografie, jener Zeichenkunst, die mittels Temposteigerung den Echtzeitbetrieb beim Diktieren ermöglicht, benennt Flatau eine Urszene der Bürokratie. Auch bei der schriftlichen Fixierung des Diktierten herrschen wie bei vielen Bewegungsabläufen unterschiedliche Szenarien und Zeitregime. Schreiber wie Schreiberin müssen sich selbst voraus sein und sich zu diesem Behufe gleichsam zerlegen: in einen Teil, der das eben Gehörte noch niederschreibt, und einen solchen, der das im Moment Diktierte in sich aufnimmt – bis die analoge Tonaufzeichnung in Gestalt des Phonographen ihren Siegeszug antritt und dieses Problem technisch löst.

Die Multitasking-Erfordernisse moderner Büromaschinen sind so offensichtlich, dass sie kaum einer eigenen Beschreibung bedürfen. Desktops und grafische Benutzeroberflächen mit ihrem Nebeneinander unterschiedlicher Anwendungs- und Bedienmöglichkeiten sind daher das materiale Begleitprogramm dessen, was in diesem Buch rekonstruiert wird. Seit dem Xerox Alto, dem ersten Computer mit grafischer Benutzeroberfläche aus dem Jahr 1973, haben die Oberflächen jedenfalls den Makel der fehlenden Tiefe verloren, ja, in einem Computermagazin werden sie nun als

Abb. 8: Original und Fälschung – links Steve Jobs bei der Präsentation des iPad in San Francisco im Januar 2010, rechts eine Parodie mit vier zusammengeklebten iPhones, gefunden auf einem privaten Apple-Blog.

»ganz und gar nicht oberflächlich« gefeiert.[9] Ihre neue Funktionalität des Nebeneinander organisiert nicht weniger als das Organisieren selbst. Noch als Apple-Chef Steve Jobs das neue iPad präsentiert, steht es ganz im Zeichen des Multitasking. Um die Leistung des neuen Tablet-Computers zu veranschaulichen, kommt in einem gefakten Foto wiederum eine sonderbare Form der Bildgebung zum Einsatz: Zu den unscheinbaren Helden der Inszenierung werden zwei graue, über Kreuz verklebte Streifen Klebeband, mit denen vier iPhones zu einer das Multitasking karikierenden Einheit zusammengefasst werden. Wie aber funktionieren derlei Verklebungen am Menschen? Mithilfe welcher Bänder wird er zu neuen Effizienzverbünden verschaltet, über sich selbst hinaus vervielfältigt und in seiner Leistung potenziert? Diese Frage stellt sich gleichermaßen auch für die Technik. Da Klebeband für die Datenleitung unzulänglich ist, müssen technische Lösungen den metaphorischen Zusammenschluss umsetzen.

Sich selbst zu teilen, um effektiver über sich und andere zu herrschen, entpuppt sich als die Basisoperation geglückter Parallelaktionen, und als solche erreicht sie zwangsläufig eine auf Steigerung angelegte Moderne und das, was ihr folgen sollte. Fernab soziologischer und psychologischer Theoriebildung macht sie ihren Einfluss in einer Fülle von Selbstoptimierungsratgebern geltend, die neben allen Verbesserungen und Anpassungen an die Erfordernisse einer veränderten Lebens- und Arbeitswelt auch die Gedächtniskunst nicht vergessen.[10] Nicht ohne Grund und im Gewand optimierter Vertriebsformen – etwa als »Schnell-Lern-Methode« mittels *Mnemonistischen Unterrichts=Briefe für das Selbststudium* – gerät diese ins Visier, sind ihre Leistungen doch besonders anschlussfähig an das Reich der Zahlen. Sie taugen gegenwärtig noch zum Vergleich – auch wenn die Zeiten der Gedächtnisvirtuosen und ihrer spektakulären Schauveranstaltungen längst vorüber sind. Was früher über Theater- und Varieté-Bühnen tingelte, würde heute höchstens als Gegenstand irgendwelcher Saalwetten oder Supertalent-Suchen für Furore sorgen – neben Menschen, die bei *Wetten, dass ...?* unter Wasser und mit blickdichten Brillen Zauberwürfel lösen oder für *Die perfekte Minute* Spielkartenstapel nach einer diffizilen Logik und unter Zeitdruck von irgendwelchen Flaschenhälsen blasen. Zahlen zählen, und das nicht zuletzt, weil sie Vergleiche erlauben, auch und gerade zwischen unterschiedlichen Gedächtnisarten und -trägern. Selbst die merk- und rechenfreudigen Tiere können ein Lied davon singen. Um wenigstens einen Eindruck davon zu vermitteln, wie düster es um derlei Abrichtungen bestellt und wie zweitrangig dabei die Wahl des abzurichtenden Zielobjekts war, sei auf einen Titel des ausklingenden 19. Jahrhunderts verwiesen, der mit seiner bunten Beispielliste Kahnes Fertigkeiten in das Reich der Tiere überführt, auf Eduard Zborzills Kassenschlager *Die mnemonische Dressur des Hundes, neu entdeckte Methode, jeden Hund als unübertrefflichen Rechenmeister, Karten-*

künstler, Wahrsager, Correspondent, Musikvirtuose, Karten= und Dominospieler und vortrefflichen Gesellschafter etc. abzurichten, der immerhin fünfzehn Auflagen erlebte.[11]

Das Prinzip der Steigerung, auf das der Mensch im Zuge der Selbstoptimierung verpflichtet wird, mündet allerdings nicht nur in eine unablässige Arbeit an den eigenen Ressourcen. Was dort zur Umsetzung gelangt, ist die Möglichkeit einer – selbstredend wissenschaftlich untermauerten – Selbstintervention auf dem Feld bestimmter Leistungen. Kognitive Fertigkeiten und Merkfähigkeiten erscheinen so trainierbar wie Muskeln, und diese Trainierbarkeit ist Gegenstand eines lukrativen Marktes. Produkte zur Konzentrationssteigerung oder Gedächtnisoptimierung, Kreuzworträtsel als Anti-Aging-Hilfe, Sudoku zur Alzheimer-Verzögerung, Techniken für Alltagsorganisation oder Zeitmanagement, Online-Denksportaufgaben und Dr. Kawashimas Gehirn-Jogging (in Buchform oder auf dem Game Boy): Gleichgültig, welche Versprechen auf persönliches Glück oder gesellschaftliche Anerkennung, auf finanziellen Reichtum oder stressfreie Alltagsbewältigung, auf die totale Entspannung oder die perfekte Partnerwahl sie verheißen mögen, sie alle haben Teil am Glanz einer Selbstintervention, die kaum noch etwas zu tun zu haben scheint mit den mnemonischen Dressuren historischer Hunde und Pferde sowie den Disziplinierungen früherer Zeiten und ihrer Subjekte.[12] An ihre Stelle scheint als eine Art Einlösung von Gouvernementalitätskonzepten die fröhliche, weil unbeschwert aufgeklärte Selbstbewirtschaftung getreten zu sein. Der Erwerb der durch beständige Wiederholung implementierten Fähigkeiten und Fertigkeiten erfolgt zwanglos, ohne Mühe und ganz nebenher – so jedenfalls lauten die Versprechen auf eine subliminale Nebenläufigkeit. Entsprechende Marketingstrategien präsentieren sich inzwischen sogar wissenschaftlich fundiert und sprachlich gewitzt,

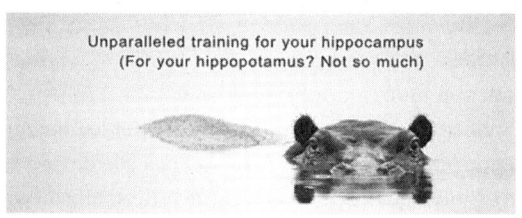

Abb. 9: Werbeanzeige für das Intelligenztrainingsprogramm Brain Fitness Pro des Unternehmens MindSparke.

etwa in der Anzeige, die die Firma Mindspark auf ihrer Homepage präsentiert. Das Unternehmen, das sich mit Produkten wie Brain Fitness Pro – selbstredend »Proven by independent research, tested in the real world« – dem Geschäft mit der Optimierung verschrieben hat, wirbt dort mit dem Foto eines Nilpferds (englisch: *hippopotamus*) und dem Slogan: »Unparalleled training for your hippocampus (For your hippopotamus? Not so much)«.

Vor allem aber gerieren sich die Interventionen als Akte bloßer Befreiung. Entbunden werden schlummernde Ressourcen, die anderweitig nicht zum Einsatz gelangen und verpuffen würden. Wir haben es einmal mehr mit dem Mythos der latenten und nicht sachgemäß eingesetzten Energie zu tun, den heimlichen Reserven, deren Gebrauch erst die volle Leistungsfähigkeit garantiert. Vieles duldet die Moderne, aber bei Ressourcenverschwendung hört der Spaß dann doch auf. Die vollumfängliche Bewirtschaftung der Subjekte wird zur ersten Bürgerpflicht und die unablässige Arbeit an sich zum zeitlosen und zeitenthobenen Work in Progress – kein realistischerweise zu erreichendes Ziel stellt je einen Endpunkt in Aussicht. Die Subjekte operieren in einer Verschränkung von Selbst- und Leerlauf und verdoppeln den sprichwörtlichen Hamster in seinem Rad. Dessen Ikonografie ist – über alle Details in Sachen amerikanischer Nachkriegshaustierbespaßung hinaus – alles andere als kontingent.[13] Im kybernetischen Kalkül des Laufrades schießen Momente der Steuerung, der Erhöhung und der Verlangsamung, kurz der Bemessung und Frequenzierung zusammen – von den Möglichkeiten direkter Intervention ganz zu schweigen, wie sie etwa im psychiatrischen Apparatebau von sich reden machten. Um die Abgelenkten der Goethezeit, denn auch diese galten schon als durch Großstadtgewimmel und Reizüberflutung überfordert, angemessen zu beschreiben, werden ihre Symptomatiken formalisiert: Unterfunktionen in der Vorstellungsfrequenz markieren den Blödsinnigen, Überfunktionen den Manischen. Und um letzteren wieder ruhig zu stellen, wird er in das Hohle Rad verbracht, eine Vorrichtung, die sich von denen der Haustierunterhaltung nur durch die Größe unterscheidet. Weil die Konzentration in Rückkopplung mit der Apparatur erfolgt, entscheiden die Abgelenkten selbst, wie schnell sie treten, um wieder zu sich oder sonst wohin zu kommen.[14] Das »Sich-irre-gehen«, wie es später in einer psychiatrischen Abhandlung aus der Mitte des 19. Jahrhunderts heißen sollte, hat ein Ziel.[15]

Zur Rhetorik der Arbeit an sich gehört in der selbstbestimmten Gegenwart und fernab der mechanischen Kapriolen des psychiatrischen Apparatebaus der Hinweis auf die institutionelle Barrierefreiheit – sofern eine solche denn gewünscht ist. Man muss weder Mitglied in einem Verein noch Teilnehmer eines Kurses sein, weil man stattdessen in Eigenregie verfahren kann – Schnelllernmethode und Selbstunterricht mit mnemonischen oder sonstigen Materialien machen dies ebenso möglich wie die audiovisuellen Formate unserer Tage. Die Interventionen liegen im alleinigen Zuständigkeitsbereich der Selbste selbst, stilisieren sie sich doch häufig als genuin autonom – »ohne fremde Hilfe« umsetzbar, wie es bereits einer der zahllosen Ratgeber zur Willensgymnastik und Gedächtniskräftigung aus dem ersten Viertel des 20. Jahrhunderts verspricht.[16] Mit von der Partie der Lebenstauglichkeitssteigerungsstrategien sind allerorten Medien und Aufschreibetechniken, die sich der Bewirtschaftung und Haushaltsführung des Lebens verschrieben haben. Von altbackenen Glückstagebüchern als Registratur für engmaschige Tasks und weiträumige Lebensziele bis hin zur konsequenten Ver-to-do-Listung des Alltags steht ein Spektrum an Techniken, an Verfahren und Medien bereit, die Hilfe beim Umsetzen dieses Anliegens versprechen.[17] Und wem die papierne Materialität oder die selbstklebende Post-it-Zettelwirtschaft zuwider sein sollte, kann getrost auf digitale Angebote und ihre Medien ausweichen. Das Management der Zeit ist omnipräsent – mit einer auflagestarken Produktpalette, deren Reichweite sich noch bis in die letzten Winkel des Alltags erstreckt. Bilanzierung und Organisation finden auf und an allen Orten statt – auf Flipcharts und in Tabellen, in den Kalendarien der PCs und auf den Touchscreens irgendwelcher Organizer, auf Palms und anderen digitalen Assistenten. Mit Office OneNote 2007 vertreibt Microsoft die Organisation der Selbstorganisation selbst als veritables Programm.

Stephen R. Covey, amerikanischer Selbsthilfeguru und omnipräsenter Verfasser religiös angelegter Traktate (und, so jedenfalls der Stand im November 2011, stolzer Vater von immerhin neun Kindern und Großvater von 52 Enkeln), hat sich mit seinem bunten Reich der Selbstrationalisierung den Status eines Bestsellerautors erschrieben – mit Büchern, die versprechen, über sieben (!) Stufen könne man das Stadium der »highly effectiveness« erreichen, und natürlich mit solchen, die dem Abgelenkten wieder den Weg zum Wesentlichen weisen und die schon zu Lebzeiten des Autors als Klassiker des Zeitmanagements beworben werden.[18] Um den Eindruck zu vermeiden, derlei numerische Exzesse wären ein Spezifikum amerikanischer Omnipotenz, sei stellvertretend auch einem nichtamerikanischen Vertreter die Ehre erwiesen: Kurt Tepperwein, als Mentaltrainer über mindestens drei Jahrzehnte im Geschäft, hat es mit seinen Empfehlungen immerhin bis auf die Seiten des *Playboy* geschafft. In der Ausgabe 10/2006 ist vom »Esoterikalarm im Dorfsaal von Hagnau, einem kleinen Weinort am Bodensee« die Rede. Der Artikel handelt vom Besuch eines Kurses, bei dem neben der Person des Gurus nicht nur der hohe Frauenanteil (80 Prozent der 400 Besucher), sondern auch der stattliche Eintrittspreis (66 Euro) und das inflationäre Umarmungsgehabe ins Auge stachen.[19] Für die Berichterstattung des Bunny-Magazins sind dies durchaus relevante Größen – genau wie die Anleitung, wie man nicht nur halbwegs wohlhabend, sondern richtig reich werden kann. Das Ganze mündet in einem paradoxalen Versprechen: Wer nicht aufhört, an sich zu arbeiten, muss nie mehr arbeiten – jedenfalls nicht im altmodischen Verständnis irgendeiner Erwerbs- oder Angestelltentätigkeit – und hat, mit einem Kompaktseminar-Titel aus der Reihe VitaNovaMedia gesprochen, bezahlten Urlaub für immer.[20]

Als falscher Professor, der lediglich mit einem Kind, immerhin jedoch auf der Urlaubsinsel Teneriffa lebt, hat sich Tepperwein zwar des Titelmissbrauchs schuldig gemacht (er bewarb sich und eine seiner Veranstaltungen mit dem Titel Prof. Dr. phil., wofür ihn das Landgericht Memmingen am 6. September 2005 rechtskräftig verurteilte), aber wer braucht in diesen Tagen der allgemeinen akademischen Hochstapelei schon noch Titel, Würden und Weihen? Tepperwein, inzwischen mit dem ersten Deutschen Esoterikpreis ausgezeichnet, versteht es vor allem, sein Imperium auf Stand zu bringen und dort zu halten. Neben konventionellen Büchern gibt es CDs und Hörbücher aller Art, die in der Praxis zeigen, wovon die Lehre in der Theorie handelt, nämlich dass Mentalschulung auch nebenbei, etwa beim Autofahren oder im Schlaf, funktioniert.[21] Der vormalige Unternehmensberater hat sich für seine umfangreiche Produktpalette ein eigenes Marketingkonzept – das MLM-Prinzip (kurz für Multi-Level-Marketing) – ausgedacht und bringt über die in Liechtenstein ansässige Tepperwein Collection AG diverse Nahrungsergänzungsmittel, eine esoterisch angelegte Informationsbroschüre über Wasser sowie Produkte zur Wasserbelebung, Reinigungsmittel aller Art und Biotransmitter unter die Leute. Besonders am Herzen scheinen dem charismatischen Mentaltrainer dabei sogenannte »Subliminals« zu liegen – Techniken, die ganz der Unterschwelligkeit geschuldet und sogar für die Nachtanwendung geeignet sind. Selbst wenn der Punkt ausgereizt sein mag: Es wird auch hier einmal mehr gezählt und optimiert. Ein Buch Tepperweins mit dem Titel *Super-Intuition. So entwickeln Sie Ihre verborgenen geistigen Fähigkeiten* redet dazu gar einem dritten Auge und seiner Öffnung das Wort. Mit dem dritten sieht man nicht nur besser, sondern anderes und vor allem mehr.[22] Erneut gebührt an dieser Stelle der Karikatur das letzte Wort bzw. Bild. Die Künstlerin Anke Angermeyer wagte den Versuch, einen Tag ihres Lebens in aller Konsequenz zu planen, und berichtet darüber auf der Homepage des Korsakow-Instituts für Nonlineare Erzählkultur. Die Erfahrung ihrer Selbstorganisationsbemühungen ist verheerend, sprengt sie doch im Wortsinn alle gängigen Rahmen und handelsüblichen Formate. Weil sich die Zettel, mittels derer sie die vielen an diesem Tag abzuarbeitenden Tasks organisieren wollte, ob der vielfältigen und parallel verlaufenden Gleichzeitigkeiten als viel zu klein erweisen, muss größeres Papier her: Fünf Meter war es schlussendlich lang und »MeinplanvomTagXL« die beeindruckende Folge.[23]

Dabei gerät dieses Zählen und Maßnehmen immer wieder (und

fast schon selbst zählzwanghaft) an technische Medien (und nicht nur in Form irgendwelcher XXL-Papierformate), die ein entsprechendes Vergleichsfeld bereitstellen und damit Begriff wie Sache einer anthropologischen Datenverarbeitung Kontur verleihen. Gerade bei numerisch fassbaren Größen wie der Kapazität von Speichern oder der Geschwindigkeit sowie der Parallelität von Verarbeitungsschritten liegen die unmittelbaren Bezugnahmen auf der Hand und können zu einer Dynamik der *aemulatio* führen, zu einem regelrechten Überbietungswettkampf, in dem das Hintertreffen, in das die Menschen gegenüber irgendwelchen Maschinen nachgerade notorisch zu geraten scheinen, besonders eklatant und augenfällig wird.[24] Ontologische Fragen nach dem Stellenwert künstlicher oder natürlicher Intelligenzen verblassen vor den Zahlenspielen ihrer Leistungsschauen und -bilanzen. Medienanthropologie, in diesem Sinne betrieben, wird zu einem numerischen Kraftakt, zu einer zahlenmäßigen Krafthuberei. Luhmanns für seine Theorie der sozialen Systeme und damit für die Selbstverortung des Menschen alles entscheidende Frage, wie man sich nämlich die Steigerung der Individualität des Individuums vorzustellen habe, wird gerade dort im Wortsinn handgreiflich, wo entsprechende Phänomene marginalisiert sind: Psychische Fähigkeiten, Kompetenzen, kognitive Komplexität, entwicklungslogische Errungenschaften usw. gehören jedenfalls in der Sicht Luhmanns nicht zur Profilierung des Individuums und daher in eine Klammer, die sie vom Eigentlichen trennt.[25] Die Praxis wird zum blinden Fleck der Theorie. Das, was für die Systemtheorie in Klammern steht, ist längst zum Ort und Interventionsfeld von Selbsttechniken und Selbstoptimierungsbemühungen geworden (und wird es in den Geschichten berühmter Merk- und Performancekünstler immer schon gewesen sein). Deren besondere Pointe besteht darin, dass sie im Moment der

Quantifizierung Anschlussfähigkeit an die Welt technischer Medien erreicht haben: In diesem Maßnehmen anthropologischer Größen an den numerischen Vorgaben einer externalisierten technischen Datenverarbeitung, mithin im Gegeneinanderhalten bloßer Zahlen, konturiert sich eine künftige Medienanthropologie. Diese stellt in ihrer kürzesten Form zumindest eines klar, dass nämlich jegliche Rede über den Menschen zugleich auch eine über die medialen Gegebenheiten sein muss, innerhalb derer sie angesiedelt ist – ein Befund, der eben nicht oder nicht vorrangig für den ideologiekritisch früher einmal belangbaren Bereich der Inhalte, sondern für die Belange der Formalisierung selbst Gültigkeit hat.[26] Ob das als entfremdender Einbruch technischer Gerätschaften in die gehegten Reservate der Anthropologie bedauert oder als medial aufgeklärtes Selbstverständnis des Menschen begrüßt wird, bleibt Einstellungssache und für das Programm unerheblich.

Um es noch einmal zu verdeutlichen: Dieser Prozess des Maßnehmens und Formalisierens, Vergleichens und Potenzierens ist nicht die andere (und möglicherweise sinistre) Seite jener Medaille, auf der frontseitig das hartnäckig zu verteidigende Wappen der Individualität prangt, sie ist die Medaille in ihrer Ganzheit. Befürchtungen, dass im Rekurs auf Zahlen und im Zahlenstrudel vermeintliche anthropologische Größen wie Persönlichkeit, Stil und Unverwechselbarkeit kassiert würden und somit auf der Strecke blieben, zeugen lediglich von der unausgesprochenen Wirkmacht anthropologischer Kategorien. Der Mensch, der sich selbst verstehen will, kommt nicht umhin, sich dem vermeintlichen Konkurrenzkampf mit den Medien zu stellen, ist er doch längst in ihn eingetreten – ob er es wahrhaben möchte oder nicht. Wer etwa herausfinden möchte, wer aus welchen Gründen wo steht, ob Tiere oder Maschinen oder gar der Mensch selbst irgendwo noch die Nase vorne haben, der zählt und formalisiert. Sortierungen von Seinsarten laufen längst nicht mehr vorrangig über die Taxonomien der Natur und ihrer Gattungsordnungen, sie laufen entlang einer Vergleichslogik nackter Zahlen. Zwischen Menschen und Tieren stehen Frequenzen, mit deren Hilfe Organismen voneinander differenziert werden – eine Evolution nicht der Arten, sondern der Leistungsbilanzen. Die sprichwörtliche Langsamkeit der Schnecke etwa profiliert sich erst vor dem Hintergrund ihrer Verdatung und den so gewonnenen Frequenzangaben. Der theoretische Biologe Jakob von Uexküll (1864-1944) hat in seinem Hamburger Institut für Umweltforschung derlei Dinge vor Augen gestellt – Schnecken, aber auch schnellsehende Kampffische und Menschen unterstehen einem nur ihnen eigenen Moment der Taktung. Die Jeweiligkeit dieser Momente wird apparativ erfasst und ist im Wahrnehmungsexperiment zugänglich. Das Moment und damit die artspezifische Verfasstheit von Reizschwellen entscheiden darüber, was die jeweiligen Organismen wahrzunehmen in der Lage sind, und mithin darüber, was ihre Welt ist: Ob etwa, im Fall der Schnecke, die Bekriechung eines Stockes lohnt, weil die Frequenz seines Hingehaltenwerdens diesen als stabilen und daher begehbaren Gegenstand ausweist, oder ob, im Fall des Fisches, ein vermeintlicher Feind gesehen werden kann und daher ein Kampfeinsatz vonnöten ist. Für den Fall des Menschen entscheidet ein nur ihm eigener Moment, ob Bildfolgen als voneinander isolierte Segmente oder als kontinuierlicher Bewegungsfluss wahrgenommen werden. Im Gegensatz zum Schneckenkino hat das des Menschen eine höhere Frequenz, die aber immer noch deutlich unter der des Fisches liegt. Nicht die Seinsart oder ein nacktes Leben regieren das Verhältnis zur Umwelt, sondern ein bloßer Zahlenwert.[27]

Die Leistungsfähigkeit und die Steigerbarkeit spielen jedoch nicht nur zwischen unterschiedlichen Seinsarten ihre Rolle – längst dominieren sie, was als Medienkonkurrenz Eingang in die entsprechende Wissenschaft gefunden hat und sich häufig in irgendwelche Trivialitäten über möglicherweise zu kurz gekommene oder unsachgemäß dargestellte Inhalte verläuft. Auch hier wird das Ziel verfehlt, wenn die sattsam bekannten Verhältnisse etwa zwischen Literatur und Film verhandelt und auf intellektuelle Defizite in den Umsetzungsbemühungen verwiesen wird. Wie sehr eine Frequenzlogik der Zahlen die Kultur der Moderne und deren Medien bedingt, zeigt eine kleine Geschichte, die zwischen Traum, Literatur und Film spielt und sich dabei kaum um die jeweiligen Inhalte kümmert. Diese Form einer Medienkonkurrenz ist schlüssig und wird in der klassischen Variante der Moderne als Positionierung miteinander verrechenbarer Leistungsfähigkeiten auch eigens diskutiert. Der dazu notwendige Gedankengang scheint auf den ersten Blick abwegig: Schon seit Johann Friedrich Herbarts Zeiten fragen Psychologen, wie viele und nicht welche Vorstellungen Menschen in einer Zeiteinheit, etwa während des Träumens, prozessieren können. Auf diesem Wege zeichnet sich ein normaler Gedankengang der Fantasie ab, der aus Gründen der Symptombeschreibung zu Über- und Unterfunktionen ausgebaut und an die Welt kulturtechnischer Vorgänge und medialer Apparate weiterverwiesen wird.[28] Analog zum »gewöhnlichen Gedankengang der Phantasie« beim Lesen, der das Interesse goethezeitlicher Seelenforscher auf sich zu ziehen wusste, interessieren sich moderne Psychologen für Geschwindigkeit und Zahl geträumter Bilder und stellen diese in Relation zu den Datendurchsatzraten beim unangeleiteten regulären Vorstellen und selbstredend auch beim Prozess des kulturtechnisch induzierten Lesens.[29] Von hier ist es nur noch ein kleiner Sprung, diese Datendurchsätze gegeneinander zu halten und zu kalkulieren, wie aus Text Film werden könnte – rein formal, indem man literarisch induzierte Vorstellungen eins zu eins in Film übersetzt, um dann darüber zu sinnieren, in welchem Medium derlei Gedankengänge möglicherweise schneller oder langsamer vonstattengehen. Im Jahr 1944 erblickt dann schließlich das Projekt »Traumfilmung« das Licht der Welt, bei dem ein Psychologe namens Willy Hellpach, ausgehend vom Traum und im Anschluss an eine frühere Arbeit von Wilhelm Weygandt, die ältere Kulturtechnik des Lesens mit der jüngeren Kulturtechnik des Films kurzschließt, um so die jeweiligen Vorstellungsverläufe zu quantifizieren.[30] Um die Komplexität der Bildverarbeitung experimentell und zahlenmäßig nachzustellen, geraten träumende Menschen und schreibende Dichter an die Frequenzen der Kinematografie. Im Zuge einer solchen Traumbildmathematik wird eigens darüber nachgedacht, welche Folgen etwa ein Medienwechsel hätte. Warum sollte man nicht Träume von Dichtern oder Normalmenschen einem solchen unterziehen und sie direkt in einen Film transponieren? Was, von solchen Möglichkeiten ausgehend, als Medienkonkurrenz zwischen Literatur und Film nachhaltig die Verhältnisse der Literatur verändern wird, taugt im psychologischen Gedankenspiel und zum höheren Ruhm einer wenig eingängigen Modernediagnostik dazu, die Komplexität kognitiver Leistungen sinnenfällig zu machen. Das Dispositiv einer gesteigerten Geschwindigkeit verändert nicht nur das Sehen im Kino und die Positionierung irgendwelcher Seinsarten, sondern es schlägt auch auf die Zeitmodellierung in der Literatur selbst durch. Der Roman *Sekunde durch Hirn* des deutschen Schriftstellers und Regisseurs Melchior Vischer aus den ästhetischen Hochzeiten der klassischen Moderne partizipiert mit seinem Untertitel *Ein unheimlich schnell rotierender Roman* nachgerade mustergültig an jenem Drehmoment, das auch für die

Haustiere und Modernebewohner in ihren Laufrädern zum Maß aller Dinge werden sollte. Vischers dadaistischer Roman aus dem Jahr 1920 erzählt selbstbewusst und so gar nicht durch den Druck neuer Medien neurotisiert von einer Ästhetik, deren Möglichkeitsgrund das vermeintliche Konkurrenzunternehmen Kino und die Handgreiflichkeit unterschiedlich schnell zu drehender Kurbeln ist. Auch ohne Addition dritter Augen, wie in der Esoterik des falschen Prof. Dr. phil. Tepperwein, wird durch die Manipulation an einem Drehmoment ein anderes, ein beschleunigtes Sehen möglich: Plötzlich, so heißt es in dem Text, drehte sich irgendwo im Gehirnkino des Protagonisten eine Kurbel – mit der Folge, dass sich diesem eine andere Welt der Wahrnehmung erschloss. Er, der vom Baugerüst im 69. Stock eines Wolkenkratzers herunterstürzende Stuckateur Jörg Schuh, sieht plötzlich anders, und dieses andere Sehen ist Gegenstand von *Sekunde durch Hirn*.[31]

Was zur Komplettierung sämtlicher modernerelevanter Parameter und damit auch zur Beendigung dieser Geschichte auf dem Sachstand des Informationszeitalters lediglich noch fehlt, ist die formale Bestimmung von Informationsgehalten, also das, was seit Shannons Tagen die Codierung trägt und das Reich der Zahlenvorgaben und die Begehrlichkeit nach immer größeren Speichern weckt. Diese Bestimmung liefert eine Episode wunderbar stimmig nach, in der ausgerechnet Max Bense als unfreiwilliger Held figuriert: Anlässlich des 60. Geburtstags des Informationsästhetikers im Jahr 1970 soll die Gemengelage zwischen Literatur, Psychologie und Film in einem Festschriftbeitrag nachgestellt werden. Benses Sohn Georg, Filmautor, Regisseur und Kameramann, steuert zum Jubeltag seines Vaters einen Text bei, der unter dem zunächst wenig aussagekräftigen Titel »Entwurf – Überlegung – Herstellung. Der ›Jetzt‹Film – ein Protokoll« einigermaßen exakt das zum Gegenstand hat, was von Akteuren wie

Weygandt und Hellpach wenige Jahrzehnte zuvor zwischen Traum, Literatur und Kino austariert wurde. Was stattfindet, ist die Transposition eines Textes in Film – unter traumfilmungsanalogen Überlegungen, etwa den Informationsgehalt einer entsprechenden Operation betreffend. Die Anordnung versucht sich daran, den väterlichen Ausgangstext unter Beibehaltung von Entropie und Informationsgehalt in den visuellen Bereich zu übersetzen.[32] Vater Bense, der das Projekt begleitet, wartet mit passgenauen Vorschlägen zur Umsetzung und entsprechenden Rechenexempeln auf. So erwägt er die Festlegung einer Grundeinheit, die der Silbenzahl der Worte entspricht, und bringt als mögliche Lösung die Entsprechung 1 Wortsilbe = 1 Filmmeter = 121 Filmfelder ins Spiel. Text und Film können so im Moment ihrer strukturalen Information konvergieren.

Erst dort, wo die Steigerung über die Mechanismen einer reinen, linearen Beschleunigung nicht mehr greift, wo ein Ende der Drehung an welchen Kurbeln und in welchen Rädern auch immer erreicht ist, verschaffen sich Forderungen und Fantasien der Parallelverarbeitung Gehör. Wo einzelne, voneinander getrennte Einheiten nicht mehr weiter optimierbar sind oder scheinen, kommt es zu Verbundschaltungen oder – wie im Fall der konnektierten iPads – zu Verbundklebungen. Die Allmachtsfantasie, jener Drang, mehr gelten zu wollen, als man es nach Maßgabe einer auf Identität gegründeten Zähllogik vermag, bricht sich auch hier Bahn. Wie eine berühmte Diskussion in der Informatik am Beispiel von Computerarchitekturen zeigt, ist es ein ganz bestimmtes Phänomen, das zum Einfallstor der Suche nach alternativen Steigerungsstrategien wird, in deren Vollzug zwangsläufig Potenzierung und Multitasking auf die Agenda geraten. Die Rede ist vom Flaschenhals, vom *bottleneck* – und mit ihm hat nicht nur die Informatik, sondern auch die Psychologie ihre liebe Not.

3 Im Vorhof der Wissenschaft

Was Wissenschaften wie die Psychologie zu diesem Thema zu sagen haben, greift wie eine spätere Diskussion in der Informatik auf das Bild vom Flaschenhals zurück. In seinem Zeichen, also im Zeichen einer anthropomorphen Verengung, sind unterschiedliche Datenverarbeitungsarten verbunden, gegeneinander abgewogen und gewichtet, experimentell geprüft und schließlich mit dem Methodenarsenal der heutigen Kognitionsforschung, also mit Magnetresonanztomografie und PET-Scan, sondiert worden. Die bildgebenden Verfahren, die sich längst aus den fachwissenschaftlichen Verwendungszusammenhängen gelöst und Eingang in die Kulturwissenschaften gefunden haben, bestimmen auch hier den Diskurs. Die Semantik der Verengung verweist auf die Schaltstellen und Ursachen möglicher Überforderungen. Namentlich die klassische Moderne mit ihren Hochhäusern, von denen dann zum höheren Ruhm einer in ihrer Drehzahl beschleunigten Literatur Stuckateure wie Jörg Schuh fallen konnten, ist reich an Konzepten, die einer Ökonomie der Aufmerksamkeit und einer Konzentration aufs Wesentliche das Wort reden. Eine überall unterstellte Reizüberflutung, eine grassierende Nervosität, die sogenannte Überbürdungsfrage und diverse Pathologien der Zerstreuung sind ihr als zeitdiagnostische Symptomatiken ebenso geschuldet wie die nicht abflauenden Diskussionen über umstrittene oder erhoffte Symptomatiken in der jüngsten Gegenwart.[1]

Wo sich ein Aufmerksamkeitsdefizitsyndrom tatsächlich diagnostizieren lässt, wo es im Abgleich mit unscharfen Merkmalslisten lediglich vermutet oder gar suggeriert wird, sei dahingestellt. Wie selbst halbwegs sortierte Menschen in den Genuss einer solchen Diagnose gelangen und welche Rolle das Internet bei möglichen Eigeneinschätzungen spielt, zeigt die Homepage einer Newsgroup namens »CompuServe ADD Forum«. Diese stellt den Benutzern eine Liste zur Verfügung, die noch dem konzentriertesten Zeitgenossen den einen oder anderen Treffer garantieren dürfte. »Mit Sicherheit«, so verspricht ein Katalog abfragbarer Alltagssituationen, »leidest Du dann an einem ADT (Attention Deficit Trait), wenn es Dir gelingt, eine bestimmte Menge der folgenden Fragen positiv zu beantworten.«[2] Der Fragenkatalog geriert sich alltagskompatibel, er enthält die üblichen Schusseligkeiten, Fehlleistungen und Versäumnisse der gegenwärtigen Lebenswelt: »Lassen Sie gelegentlich das Essen anbrennen?«, »Vergessen Sie Eigennamen?«, »Haben Sie schon einmal Ihre Kinder versetzt?« usw. Wie aber soll man damit umgehen? Wo reichen bloße Anleitungen, wie sie in den Zuständigkeitsbereich einer institutionalisierten Pädagogik fallen, und ab wann werden individualisierte Selbstbewirtschaftungspläne erforderlich, wie sie von Ratgebern vermittelt werden, die längst Regalmeter füllen? Welche Rolle spielen Metaphern und Bilder für die Symptombildung, etwa die sehr wirkmächtige von den überlasteten Schaltkreisen, wie es im Rahmen einer Fachpublikation über ADT heißt?[3] Wo ist das Ende solch kollektiver und individueller Maßnahmen erreicht, und wo öffnet die Wunderwelt der Pharmakologie ihre Pforten? Mit welchen Risiken und Nebenwirkungen muss man bei welchen Wirkstoffen rechnen? Wie sind diese gegeneinander abzuwägen? Welche nicht zuletzt auch ideologischen Implikationen gehen mit der Gabe von Medikamenten einher? (Man denke in diesem Zusammenhang an die vehement betriebene Ablehnung von Ritalin durch Scientology.) Wie immer man das im Detail einschätzt, ob man in den entsprechenden Symptomatiken den Preis moderner Lebensführung sieht und sie gleichermaßen selbstgefällig wie geschichtsblind als Alleinstellungsmerkmal der Jetztzeit verbucht und damit ausblendet, dass derlei Dinge schon von den Großstadtbewohnern der Goethezeit mit einer durchaus vergleichbaren Aufregung verhandelt wurden, oder ob man es weniger dramatisierend angeht: In jedem Fall ist eine derartige Befundlage bestens geeignet für Selbstbeschreibungen und Diagnostiken, für Appelle und Interventionen, für Experimentalanordnungen und Theoriebildungen.[4]

Als einer der Startpunkte in der wissenschaftlichen Auseinandersetzung gilt ein Aufsatz des amerikanischen Psychologen George A. Miller aus dem Jahr 1956.[5] »The magical number seven, plus-or-minus two or some limits on our capacity for processing information« ist symptomatisch für die Verwissenschaftlichung entsprechender Fragestellungen, nicht zuletzt deshalb, weil er die Verfahren der für die technische Datenverarbeitung zuständigen Informationstheorie konsequent auf die Verarbeitungskapazitäten des Menschen überträgt. So gelangen etwa Überlegungen zum Siebenzahlkonzept im Rahmen von Managementtheorien zu der Frage, wie viele Mitglieder in bestimmten Gruppen versammelt sein sollten, um die optimale Erledigung bestimmter Leistungen zu gewährleisten. Millers Beitrag ist in seiner Anlage nicht ohne Witz und vor allem an zwei Stellen ausgesprochen launig gehalten. Zu Beginn offenbart er so etwas wie eine persönliche Marotte, die gerade ihn mit der Siebenzahl verbindet und für deren Magie besonders anfällig macht. Schon geraume Zeit, so ist dort zu lesen, wähnt er sich nämlich von dieser noch nicht einmal sonderlich großen Zahl regelrecht verfolgt. Und am Ende seiner Ausführungen verlässt er die numerologischen Befunde psychologischer Laboratorien mit all ihren Berechnungen und richtet den Blick generalisierend in eine Welt, die ebenfalls ganz im Zeichen der Sieben zu stehen scheint. Eine einschlägige Liste verrechnet Weltwunder und Todsünden, Wochentage und Menschheitsalter, Primärfarben und die Plejaden und natürlich auch die sieben Einheiten des Kurzzeitgedächtnisses unter der magischen Zahl.

Auf Millers Text kommt auch der schwedische Neurowissenschaftler Torkel Klingberg in einer unlängst erschienenen Rekonstruktion der Mehrfachverarbeitung bald zu sprechen, einem Buch, das aus einer Vielzahl von Gründen für das hier zu verhandelnde Thema symptomatisch ist – nicht zuletzt, weil es einem typischen Narrativ folgt. Der Titel *Multitasking. Wie man die Informationsflut bewältigt, ohne den Verstand zu verlieren* macht schnell klar, dass der Professor für Kognitive Neurowissenschaft vom renommierten Stockholmer Karolinska-Institut in der Absicht vorgeht, die wissenschaftlichen Befunde seiner Disziplin im Duktus größtmöglicher Allgemeinverständlichkeit vorzubringen. Dazu sind neben gezielten Hinweisen darauf, wie das Nicht-Fachpublikum mit der Flut an Fachliteratur umgehen soll, kurzweilige Beiträge ebenso hilfreich wie persönliche Erinnerungen etwa an einen Kollegen, den Neurowissenschaftler Georg Klein, der seine ganze Umwelt für die Belange des Multitasking (also seine höchsteigene Marotte) einzuspannen wusste. Neben harmlosen, weil sozialverträglichen Varianten (etwa der Empfehlung, beim Rasieren griechische Vokabeln zu wiederholen), die, wenn überhaupt, nur ihm wehtut, verdienen wenigstens zwei der vielen Parallelverarbeitungsstrategien des ambitionierten Zeitgewinnungskünstlers Erwähnung, die an quasibürokratischen Brennpunkten spielen und diese variierend in den professoralen Alltag integrieren. So war sein Assistent beispielsweise angehalten, am Schwimmbeckenrand entlangzugehen, um die wörtlichen Verlautbarungen des sportiven Forschers zu notieren. Und es wird auch davon berichtet, der Professor habe, am Steuer eines fahrenden Autos sitzend, (an wessen Adresse auch immer) E-Mails diktiert.[6] Mit all diesen performativen und rhetorischen Kniffen, mit Anekdoten und der Mahnung zur Gelassenheit zeichnet sich ein Bild davon ab, wie über das Phänomen zu handeln ist, ein Bild, für das Klingberg beinahe mustergültig steht. Wer über Multitasking schreibt, dieser Eindruck stellt sich jedenfalls ein, der tut das häufig in einem Gestus, der sich bis zur Unerträglichkeit der Lebenswirklichkeit oder dem, was dafür gehalten wird, annähert. Auch Klingberg, der als Neurowissenschaftler an den Schaltstellen der Wissensproduktion sitzt und souverän über diese verfügt, will auf diese lebensweltliche Erdung nicht verzichten – auch um den Preis, selbst eine weitere Karikatur in die Welt zu setzen. In seiner Wissenschaftsprosa ist es eine fiktive Protagonistin namens Lotta, die als Projektleiterin bei einem IT-Unternehmen so ziemlich für all das herhalten muss, was die eingangs erwähnten Abbildungen mehrgliedriger Wesenheiten zeigen sollten: für Planlosigkeit in der Gestaltung gleichzeitig zu verarbeitender Prozesse, für Überforderung angesichts einer Flut elektronischer und sonstiger Nachrichten, für Hilflosigkeit und heillose Verzettelung. Die Pointe von Lottas rekursiven Prozessen besteht darin, dass die Ordnung der Ordnung, also die Pflege der Organisation als eigener Organisationspunkt, selbst einen Eintrag auf der To-do-Liste bekommt und so die Zahl der noch zu erledigenden Dinge immer weiter erhöht – ein Vorgang, der an die Sündenregistrierung vergangener Zeiten erinnert, bei der ein ähnlicher Mechanismus zu beobachten ist.[7] Ihren Kopf hat Lotta jedenfalls längst verloren, und damit ist sie bestens als Negativheldin für Klingbergs Buch und zur Profilierung eigener Ratschlüsse geeignet.[8] Manifest wird an ihr, was gegenwärtige Bürojobs den Betroffenen zumuten: dass Arbeitsprozesse im Schnitt –

durch welche Medien auch immer – im Dreiminutentakt unterbrochen werden und auf den Bildschirmen bis zu acht gleichzeitig geöffnete Fenster ihrer Bearbeitung harren.

Auch Klingberg ist es, bei aller Skepsis gegenüber der Berechtigung der Zahl sieben als magischem Maß aller Dinge, darum zu tun, Kapazitäten festzuhalten und versteckten Kapazitätsbeschränkungen auf die Schliche zu kommen. Er tut dies vor dem Hintergrund einer Analyse des Arbeitsgedächtnisses, dem sein Forschungsinteresse vorrangig gilt. Die systematisch betriebene Suche nach Engpässen verbindet ihn über alle Unterschiede methodischer wie theoretischer Art hinweg mit den etwas hausbacken wirkenden Untersuchungen George A. Millers aus den sechziger Jahren. Dieser suchte in der Blütezeit der mathematischen Kommunikationstheorie unverhohlen den direkten Anschluss an klassische Vorarbeiten. Vor allem Claude E. Shannons und Warren Weavers formalisierte, in dem Buch *Mathematical Theory of Communication* aus dem Jahr 1949 niedergelegte Kommunikationstheorie sollte damals für die Psychologie zum methodischen Ideal werden.[9] Was von den beiden Gründergestalten unter den Bedingungen des Zweiten Weltkriegs in der mathematischen Forschungsabteilung der amerikanischen Bell Laboratories verhandelt wurde, nimmt sich für ein wie auch immer geartetes Alltagsverständnis von Kommunikation und Psychologie zunächst einmal sonderbar aus. Ausgerechnet in einem Subunternehmen der amerikanischen Telefongesellschaft AT&T sollte der Mensch mitsamt seinem Bedürfnis nach Ausdruck und Mitteilung außen vor bleiben? Als ob das Telefon, die Quasselstrippe, nicht gerade deshalb eigens erfunden worden wäre. Dieser kontraintuitive Zugriff der Ingenieure gegenüber den sattsam bekannten Verwendungsweisen des Telefonapparats ist einem Interesse am Kalkül geschuldet, an zahlenmäßig erfassbaren Informationen über

Informationen, die losgelöst sind vom Mitteilungsverhalten sogenannter Kommunikationspartner: Wie etwa ist es um den Informationsgehalt einer Nachricht bestellt? Und wie viele Bits werden benötigt, um diesen zu encodieren? Wie müssen Kanäle eingerichtet sein, um Signale verlustfrei zu übertragen und die größtmögliche Auslastung zu garantieren? Fragen dieser Art stehen im Zentrum, und im Glanze ihrer formalisierten Beantwortung kann getrost ignoriert werden, was sendende und empfangende Bewusstseine sich inhaltlich mitzuteilen oder gar zu erzählen haben – eine Geschichte oder eine Alltagsbeobachtung, einen Witz oder eine Schnurre, eine Handlungsanweisung oder eine Terminabsprache, einen Liebesschwur oder einen Treuebruch, ein Kochrezept oder eine Hotelstornierung. Man ist geneigt, von einem Bauernopfer oder einer narzisstischen Kränkung zu sprechen, die auf eigenwillige Weise die scheinbar dafür zuständigen Wissenschaften begründen sollten – entgegen ihrem Credo, dass semantische Aspekte der Kommunikation für das technische Problem von Codierung und Übertragung ohne Relevanz seien, wie Shannon eigens schreibt.

Ralph V. L. Hartley, Elektroingenieur aus dem Umfeld der Bell Labs und deren langjähriger Chef, bringt die Umgehung des Menschen mustergültig auf den Punkt.[10] Als vorrangiges Ziel entsprechender Herangehensweisen nennt er 1928 in seinem kanonischen Aufsatz »Transmission of information« die Aussparung des psychologischen Faktors und die Etablierung eines Informationsmaßes, das sich ausschließlich an physikalischen Größen und eben nicht an diffusen anthropologischen Belangen orientiert.[11] Das Kalkül von Kanalbreiten und Rauschen, von Codierung und Repertoire, von Redundanz und Entropie, von Störung und Idealisierung der Übertragung erlaubt jene angestrebten Berechenbarkeiten, die der Optimierung von Übertragungswegen, also ihrer Beschleunigung, ihrer Verbilligung sowie ihrer Kryptografietauglichkeit dienen. Verbreitung und Abschirmung, Kommunikation und Interzeption von Nachrichten sind solidarisch darin, auf ein bestimmtes Wissen angewiesen zu sein, und sie sind solidarisch im Bestreben, dieses Wissen an den unterschiedlichen Orten auch zu generieren.[12] Dazu taugen selbst Studien, die das Fernsprechen unter den Realrauschbedingungen von Lärm und Wind untersuchen.[13] Ein auf den ersten Blick sonderbares Band umschlingt die Obliegenheiten von Nachrichtentechnik und Mathematik, von Ingenieurswesen und Physik, von Telegrafie und Telefonanlagenbetrieb, von der Physiologie und Psychologie der Sinne, von Kryptografie und Universalsprachkonstruktionen, von Taubstummenpädagogik und Blindenschrift. Es verbindet aber auch, was heutigen Lesern vielleicht zeitgemäßer und näher klingt, die Obliegenheiten von Tastaturdesignern und Netzprovidern. Selbst noch die Belange überforderter Postpferde finden Berücksichtigung, wovon eine gleichermaßen eigenwillige wie repräsentative Episode handelt. Auch wenn diese schon ein wenig zurückliegt, ist sie nicht wie Jean Pauls achtläufiger Relaishase im Imaginären der Literatur angesiedelt, sondern im Imaginären eines realen Nachrichtenwesens. Christian Heinrich Wolke (1741-1825), ein optimierungsbemühter Protagonist der Goethezeit, meldet sich anlässlich seiner Sorge wegen des allzu leichtfertigen Umgangs mit Wörtern zu Wort. Der Reformpädagoge und Sprachsachverständige, der Telegrafietheoretiker und Mentaltrainer *avant la lettre* lässt es sich jedenfalls nicht nehmen, auf die Verschwendung hinzuweisen, die den Deutschen dadurch entsteht, dass sie sprachlich mit einem in Sachen effizienter Codierung völlig ungenügenden System unterwegs seien. Derlei Lässigkeit gegenüber einer sorgfältigen Bewirtschaftung des Zeichenhaushalts führt bei ihm neben vielen anderen Aktivitäten zu einem engagiert betriebenen Kreuzzeug gegen den Buchstaben H – das elende Dehnzeichen, wie es voller Verachtung heißt –, den Wolke für gänzlich redundant hält und der, zusammen mit einer eindrucksvollen Fülle weiterer und eigens aufgelisteter Sprachfehler, die Kanäle auf ruinöse Weise verstopft. Die Ignoranz gegenüber der Redundanz mündet in eine verheerende Bilanz: Nach den Berechnungen Wolkes entsteht durch unsachgemäßen Zeichengebrauch ein volkswirtschaftlicher Schaden in beträchtlicher Höhe. Wolke setzt an den bürokratischen Stellen an, also dort, wo geschrieben und registriert, wo kopiert und bilanziert, wo protokolliert und archiviert, wo versandt und rezipiert wird, kurz, in den Schreibstuben der Gewerbetreibenden und den Kanzleien der Administration. Er veranlagt deren Schreibpotenziale, rechnet diese hoch und gelangt so zu Ausfällen und Minderleistungen im bürokratischen Alltag seiner Zeit. Verrechnet man die derart vergeudete Lebens- und Arbeitszeit mit Lohn- und Materialkosten, so hat man die Bilanz der Verschwendung auf Heller und Pfennig parat.

Natürlich wirkt die Geschichte zunächst wie eine der handelsüblichen Schnurrpfeifereien, mit denen die Arsenale der Vergangenheit zum Bersten gefüllt sind und von denen die Kulturwissenschaften zu unserem Ergötzen immer wieder gerne berichten. Und natürlich evoziert das Auftreten solcher Agenten, die ohne eigens erteilten Auftrag eine scheinbare Belanglosigkeit zu ihrer höchsteigenen Chefsache erheben und diese dann mit einer Vehemenz betreiben, die nicht ohne Querulanz auskommt, einen Hauch amüsierten Befremdens – was ihre Geschichten auch so gut erzählbar macht. Jenes Befremden stellt sich nicht zuletzt dann ein, wenn in der enormen Akribie solcher Erwägungen kleinteiligste Details bedacht werden, wie es Wolke anlässlich der für die Briefbeförderung zuständigen Tiere tut. Unter der Verschwendung hätten nämlich, so sein tierfreundlicher Befund, am Ende aller Glieder besagt-geplagte Postpferde zu leiden, die nicht nur zu ihrem eigenen Schaden derlei Redundanzen in der Gegend herumkutschieren müssen.[14] Wolkes abenteuerliche Bilanz schlägt einen Bogen zu aktuellen und weniger absonderlichen Bilanzierungen – und zu anderen Ökonomien, die rechnerisch prognostizieren, was an Kosten durch den Wechsel zwischen einfachen kognitiven Tasks entsteht.[15] Aber auch Wolkes Kostenbegriff wird Rechnung getragen: Im Auftrag irgendwelcher Wirtschaftsforschungsinstitute im bilanzierungsfreudigen Amerika haben Wissenschaftler jedenfalls für die aktuelle und postkutschenferne Gegenwart festgehalten, dass der amerikanischen Wirtschaft ebenfalls benennbare Milliardenschäden entstehen – nicht durch Missbrauch redundanzgeschundener, weil überbürdeter und durch Dehnzeichen drangsalierter Postpferde, sondern ausgerechnet durch jenes Multitasking, das einen neuen Arbeitsmythos begründen sollte. Um es noch einmal zu sagen: Der Kampf um die Ökonomie der Codes und um die Ökonomien ihrer Bewirtschaftung eint Anliegen und Zeiten. Darunter fallen nicht nur rein nachrichtentechnische Aspekte wie deren schiere Übertragung, sondern sämtliche Organisationsweisen im bürokratischen Betrieb mitsamt allen daran beteiligten Medien – gleichgültig, wie verstreut diese sein mögen, unbeschadet der vermeintlichen Bizarrerie und Skurrilität ihrer Betreiber, unbeschadet der Frage, ob es sich um technische Implementierungen oder um bloße Modellbildungen handelt.[16]

Der Physiker Harry Nyquist, dessen Abtasttheorem die technische Ordnung von Übertragung und Komprimierung bis in unsere Gegenwart dominieren sollte (vor allem dort, wo Formatfragen für Ton- und Bilddokumente in den Akronymen von MP3 bis JPEG, TIFF und anderen Abkürzungen verhandelt werden), hat im Vorfeld Shannons die Telegrafie für die Modellierung von Kommunikation nach den Maßgaben von Sender, Kanal und Empfänger starkgemacht. Es sind die Drähte der Telegrafie in ihrer schieren Materialität, die auch beim siebenzahlgeplagten Psychologen Miller zu entsprechenden Überlegungen führen – mündend in die Rede vom Flaschenhals, der eine besondere Lage im Nachrichtenfluss veranschaulichen soll. Miller schreibt seinen für die Psychologie wegweisenden Aufsatz also unter den Bedingungen und damit sowohl unter dem Druck als auch unter dem Anreiz eines hochgradig verdichteten Begriffes von Information, einer nachrichtentechnisch ausgerichteten Kommunikationstheorie und unter dem Modelldiktat der Telegrafie. Für Datenleitungen und ihre Kapazitäten ist es möglich, Information und Übertragungsbandbreite, Entropie und Wahrscheinlichkeit, Rauschen und Störung zu formalisieren. Miller verfährt mustergültig so, wie in Lehrbüchern der Informatik angegeben, er fragt zunächst ab, wie viele Entscheidungen bestimmten mentalen oder sinnesphysiologischen Prozessen überhaupt zugrunde liegen. Möchte man etwa festhalten, ob ein Mensch größer oder kleiner als sechs Fuß ist, so benötigt man für diese Information genau ein Bit. Wie in den Einführungsveranstaltungen angehender Informatiker geht die Grundlagenarbeit aller Codierung mit einfachen Vervielfältigungen weiter: Mit zwei Bit gelingt die Encodierung von vier gleichwahrscheinlichen Entscheidungen, mit drei die von acht, mit vier die von sechzehn, mit fünf die von zweiunddreißig. Zwei Hinweise gibt Miller seiner kleinen Codiertheorie gleich mit auf den Weg – ein *and so on* zeigt an, dass dieser Prozess nicht aufzuhören braucht, außerdem macht er klar, wie wenig es dabei auf die derart encodierten Inhalte ankommt: Ob besagter Mann tatsächlich so und so groß ist, tut nichts zur Sache, weil es nichts aussagt über die zugrunde liegende Maßeinheit (Fuß, Inch, Zentimeter etc.). All diese Überlegungen Millers haben punktgenau ein Ziel: die Feststellung entsprechender Vergleichswerte beim Menschen. Anhand von Untersuchungen über die absolute Einschätzung eindimensionaler Reize – etwa der Lautstärke, der Tonhöhe, der Intensität eines Tasteindruckes – gelangt er zu Angaben für die jeweiligen Kanalkapazitäten, die zwischen 2,5 und drei Bit angelegt sind. Und da diese Werte, wie gerade gelernt, auf circa sieben (plus/minus zwei) gleichwahrscheinlichen Entscheidungen basieren, ist aus Millers Sicht die Grundlage für weitere Rechenspiele gegeben. Die Magie ist geerdet. Millers methodische Gleichschaltung von Übertragungsdrähten und Gehirn führt schnell zur magischen Siebenzahl, um die herum sich bei einer tolerierten Varianz die Befunde einpendeln und die Ergebnisse streuen. Damit liegt die Rede von der *Bandbreite* menschlicher Datenverarbeitung ebenso nahe wie die Angabe möglicher Kapazitätsgrenzen bzw. der Konsequenzen im Fall ihrer Überschreitung. Interessanter und auch aussagekräftiger als die Bestätigung oder das spielerische Dementi dieser Zahl – etwa durch das Einführen neuer und anderer magischer Zahlen, in einer späteren Veröffentlichung beispielsweise die Zahl vier – sind Anliegen und Vorgehen als solches.[17] Millers Überbetonung ›magischer‹ Zahlen als Möglichkeit einer Quantifizierung menschlicher Verarbeitungsengpässe steht in Analogie zur bildhaften Verdichtung dieser Engpässe in der Rede vom Flaschenhals. Der Mensch ist nicht die gefeierte Quelle aller Inhalte, sondern lediglich eine Engstelle ihrer Prozessierung.[18] Seine Bandbreite ist jedenfalls nicht sonderlich hoch und sorgt für Stau.

Aber noch etwas anderes sticht ins Auge, das nämlich, worüber Miller in seinem bahnbrechenden Aufsatz gerade nicht redet – die Mnemotechnik, die bei ihm unter der Hand alltagstauglich wird: Unter Ausblendung der entsprechenden Wissenschaft und ihrer Überlieferungsgeschichte kommt Miller nämlich zu dem Ergebnis, dass nicht mnemonische Tricks, sondern etwas anderes über das Reich der Merkfähigkeit herrscht – und damit die Engpässe menschlicher Datenverarbeitung zu umgehen hilft, für deren Beschreibung Miller den *bottleneck* ausdrücklich bemüht. Die sehr alte Kulturtechnik des Merkens, die vom Psychologen als solche explizit überlesen wird, ist implizit aber in ihren Funktionsweisen und Möglichkeitsbedingungen genauestens rekonstruiert, und zwar auf eine Weise, die es ihm erlaubt, unter Umgehung der Rhetorik und ihrer Traktate, also unter Umgehung der historischen Vermittlung, den Alltag zu erreichen und das Wirken dieser Mechanismen dort zu beschreiben. Miller zeichnet schlicht nach, wie Menschen in der Praxis vorgehen. Was nämlich machen wir, wenn wir uns etwas merken wollen und unsere Kapazität erschöpft ist? Wir betreiben *chunking*, bilden Cluster, unterlegen diese mit Semantik, versehen sie mit Bildgehalt oder verbinden sie zu merkfähigen Geschichten. Dass eine solche Aufarbeitung *in eigenen Worten* – wie es bei Miller nun wiederum in dessen höchsteigenen Worten heißt – andernorts bereits aufgeschriebenen und daher nicht sonderlich eigenen Umsetzungsstrategien folgt, das ist der historisch betriebsblinde Teil seines Arguments. Dabei würde deren Vorgeschichte schon aus zwei Gründen in seinen Zuständigkeitsbereich fallen: So hat die Umsetzung in Bilder, wie es für die gewerbliche Merkkunst empfohlen wird, zu einer beispiellosen Diskussion darüber geführt, welche Bilder besonders aufmerksamkeitsheischend sind. Weil groteske, unschickliche oder gar obszöne Merkbilder sich als besonders geeignet erwiesen, wurde die Mnemotechnik zu einem Ort, an dem über etwas geredet werden konnte, worüber man sonst nicht reden durfte und was niemand zu sehen bekam: die Art und Weise, wie innere Bilder erzeugt und prozessiert werden. Sie erlaubt Einblicke in eine Black Box – nicht im aktuellen Vollzug technischer Bildgebung, sondern im historischen Vollzug ihrer kulturellen Programmierung. Wer also soll welche Bilder benutzen dürfen? Welche Rolle spielen erotisch aufgeladene Frauenbilder bei Predigtmemorierungen? Es folgen reflexhafte Denunzierungen der sogenannten *imagines* – als albern, als grotesk, als fantastisch, als kindlich oder gar pathologisch. Hinter allem aber lauert die ökonomische Frage, ob der betriebene Aufwand in einem vernünftigen Verhältnis zu seinem Nutzen steht, kurz, ob sich derlei Selbstumgangstechniken überhaupt rechnen oder ob sie nicht zu neuen Überlastungen und möglicherweise in den Wahnsinn führen könnten.[19]

Es gibt allerdings noch einen zweiten Grund, aus dem sich ein Blick in die kulturtechnische Vergangenheit gelohnt hätte: Neben all den Diskussionen um die Freigabe eines Bildtyps, aber auch um das Zugeständnis semantischer Freiräume bei der Verfertigung hochgradig konstruierter Sätze – also das, was normalerweise Eselsbrücke genannt wird – führt die Aufbewahrung zu einer großen ordnungspolitischen Anstrengung.[20] Die Einbindung erfolgt in entsprechenden Merkarchitekturen, in Ordnungssystemen, die für die Organisation des Wissens fast ungebrochen ihre Rolle spielen – ob in Gedächtnistheatern, Palästen, Denkzimmern oder Merkstuben.[21] All diese Heterotope des Wissens sind durch ein systematisches Anliegen geeint: das der Bemessbarkeit ihrer Inhalte und das ihrer eineindeutigen Adressierbarkeit.[22] Das Kalkül, das der Anordnung der Bilder zugrunde liegt und das einen wahlfreien Zugriff auf sie organisieren soll, fußt auf genau jenen Techniken der Codierung, die Autoren wie Shannon formalisiert und die Autoren wie Miller auf den Menschen, sein Gehirn und sein Gedächtnis übertragen haben. An aller historischen Betriebsblindheit vorbei eint ein Kalkül präziser Anschreibbarkeit von Informationen die alte Kunst des Merkens und die informationelle Kunst des Codierens. Mitnichten sind die Allianzen zwischen allgemeiner Codiertheorie und militärischer Anwendung, die eine häufig als bellizistisch gescholtene Medientheorie hervorhebt, nur die sinistren Auswüchse eines weltkriegserprobten und kommunikationshungrigen 20. Jahrhunderts. Vielmehr bereiten sie die allgemeine bürokratische Bühne, die Selbstpotenzierungstalente und Multimind-Performer wie Harry Kahne oder Christian Heinrich Wolke, Napoleon oder Cäsar, aber eben auch Protagonisten wie Georg Klein und Lotta für ihre Aufführungen betreten müssen – von ihren technischen Medien gar nicht erst zu reden.

4 Mal sehen –
im Gehirnkino der Kognitionsforscher

Doch zurück zur Gegenwart der Kognitionsforschung. Für Torkel Klingberg stellt sich die Frage, ob die Befunde Millers über psychologische Experimente und die Beliebigkeit von Alltagsbeobachtungen hinaus belastbar sind – und so landet er punktgenau beim Methodenarsenal der Kognitionsforschung und bei der Spezifik ihrer Fragestellungen. Dabei gerät ihm vor allem das Arbeitsgedächtnis ins Visier, das für ihn die maßgebliche Größe in der Ökonomie der Aufmerksamkeit darstellt.[1] Wie aber kommt er zu dieser Einschätzung? Er beginnt ganz im Stil seiner eigenen Disziplin mit der Unterscheidung von Aufmerksamkeitstypen, wobei sich die Einteilung in reizbedingte und kontrollierte Aufmerksamkeit als besonders sinnvoll erwiesen habe. Um erstere zu testen, sind eine Vielzahl von Experimenten ersonnen worden, nicht zuletzt unter Federführung des amerikanischen Psychologen Michael Posner. In einer australischen Untersuchung verwendete man zur Messung dieses Aufmerksamkeitstypus das Computerspiel Point Blank. Kinder mit und ohne ADHS-Diagnose (Aufmerksamkeitsdefizit-/Hyperaktivitätsstörung) sollten dabei Zielobjekte abschießen, sobald sie auf dem Bildschirm auftauchten. Die gemessene Reaktionszeit galt als Indikator für die reizbedingte Aufmerksamkeit. Zur Messung der kontrollierten Aufmerksamkeit setzten die Forscher hingegen das Spiel »Crash Bandicoot« ein, in dem die Titelfigur (ein Nasenbeutler) durch einen Dschungel navigiert werden muss, wobei diverse Aufgaben verrichtet und Fallen vermieden werden sollen. In diesem Fall bedarf es also einer bewussten Steuerung der Aufmerksamkeit, um Hindernisse einzukalkulieren und zukünftige Ereignisse zu antizipieren. Während beim ersten Spiel beide Gruppen gleich gut abschnitten, erzielten die Kinder mit der Aufmerksamkeitsdefizitstörung beim zweiten durchweg schlechtere Ergebnisse als die Kontrollgruppe. Klingberg knüpft daran die Vermutung, die beiden Systeme, also das für die reizbedingte und das für die kontrollierte Aufmerksamkeit, funktionierten unabhängig voneinander. Was wiederum zu der Frage führt, ob ein solcher Separatismus auch wahrnehmbar ist.

Kann man irgendwelche Kapazitätsgrenzen (und vielleicht sogar die Miller'sche Siebenzahl) mittels bildgebender Verfahren sichtbar machen? Kann man womöglich gar Auskunft darüber geben, wie sich Multitasking im Gehirn darstellt? Mit diesen Fragen ist der viel beachtete Kenntnisstand der gegenwärtigen Kognitionswissenschaft erreicht.[2] So ist es mittels Magnetresonanztomografie möglich, unterschiedliche und scheinbar parallel arbeitende Areale für reizbedingte und kontrollierte Aufmerksamkeit zu identifizieren. Wie aber funktioniert die Kontrolle jener Aufmerksamkeit, die für die Mehrfachverarbeitung unerlässlich ist? Das Werkzeug, mit dem Klingberg diese Frage aufhebelt, ist das Arbeitsgedächtnis. Für ihn bildet es das Schüsselkonzept für die Funktionsweisen kontrollierter Aufmerksamkeit und organisiert die Abwehr von Störungen. Im Gegensatz zu anderen Gedächtnisarten, vor allem zum biografierelevanten Langzeitgedächtnis mit seinen schier unlimitierten Kapazitäten lassen sich die Grenzen des Arbeitsgedächtnisses mit einfachen Experimenten ausloten. Im Block-Tapping-Test etwa, bei dem eine Reihe von Klötzen gezeigt und im Anschluss vom Probanden reproduziert werden soll, stellt der Umgang mit zwei, drei oder vier Blocks in der Regel noch kein Problem dar. Darüber hinaus, und wieder um die Zahl sieben herum, wird es allerdings problematisch. Für Klingberg sind die Kapazitätsgrenzen des Arbeitsgedächtnisses dann erreicht, wenn die Schwierigkeitsstufe, also die Klötzchenzahl, so hoch ist, dass die Chance, die richtige Reihenfolge wiederzugeben, nur noch bei fünfzig Prozent liegt. Unter Berücksichtigung einschlägiger Untersuchungen an Affen steht für ihn fest, dass schlussendlich das Arbeitsgedächtnis über Gelingen und Scheitern von Parallelverarbeitung entscheidet. Leistungen wie etwa das Lösen von Problemen oder die Dschungeltour des Nasenbeutlers im Videospiel sind hier verankert. In Klingbergs Worten entpuppt sich das Arbeitsgedächtnis damit als Werkbank für mentale Operationen. Diese Einschätzung wird von anderen Forschern geteilt, so dass ein als einschlägig geltender Aufsatz »Reasoning ability is (little more than) workingmemory capacity« zitiert werden kann, der die Fähigkeit zur Problemlösung direkt an die Kapazität des Arbeitsgedächtnisses koppelt – jedenfalls *mehr oder weniger*.[3]

Was aber kann man von alldem sehen? Und kann man überhaupt etwas sehen? Das Kapitel »Bilder vom Arbeitsgedächtnis« in Klingbergs Monografie gibt darüber Auskunft und verweist in einem Wechsel der Sinnesbereiche zunächst einmal an die Evidenzialisierungsleistung der Akustik. Wie hört es sich an, wenn das Arbeitsgedächtnis arbeitet? Patricia Goldman-Rakic, die lange Zeit an der Universität Yale lehrte, ist es in ihren bahnbrechenden Untersuchungen an Makaken in den achtziger Jahren gelungen, mithilfe von Messapparaturen die Aktivität von Neuronen hörbar werden zu lassen.[4] Das so erzeugte Knattern und Knistern erlaubt die Zuordnung von Klangquellen zu Hirnarealen. Bilder liefern dann die Verfahren der neunziger Jahre, allen voran die Positronenemissionstomografie (PET), mit deren Hilfe man messen kann, wie viel Blut bei der Erledigung bestimmter Aufgaben durch das Gehirn fließt. Mit einer Auflösung von circa einer Minute wird sie durch die funktionelle Magnetresonanztomografie ergänzt, deren Auflösung mit zwei Sekunden ungleich höher liegt. Die Resultate der Hirnforschung, so fasst Klingberg zusammen, bestätigen demnach, was die Psychologen als Überlappung von Arbeitsgedächtnis und Aufmerksamkeit beschreiben konnten.[5] Dieses Bild von der Überlappung, das für die mögliche Lokalisierung eines Multitaskingareals noch von Bedeutung sein wird, ist damit nicht der uneigentlichen Rede geschuldet, sondern wird im direkten Wortsinn gebraucht. Eine Arbeit, die Klingberg mit seinem Kollegen P. E. Roland veröffentlichte, setzt entsprechend an und fragt danach, ob Interferenzen bei der Bearbeitung konkurrierender Tasks einhergehen mit der Aktivierung sich überlappender Felder im Cortex.[6]

Klingberg gesteht durchaus ein, in diesem Teil seines Buches am dichtesten an seiner eigenen Wissenschaft und deren Detailfragen zu kleben, kommt aber trotz aller Fachspezifik, die er wegen der angestrebten Allgemeinverständlichkeit ja so weit wie möglich vermeiden wollte, nicht umhin, doch noch auf einen Punkt näher einzugehen, der für die Identifizierung möglicher Engpässe wichtig ist und den Weg zu möglichen Flaschenhälsen weist: Es helfe nichts, man müsse sich an dieser Stelle eben auch über die Weise der Codierung von Information im Gehirn den Kopf zerbrechen. Damit gerät er in jenes Fahrwasser, in dem Miller unterwegs war – und ins Kielwasser der mathematischen Informationstheorie Shannons. Klingbergs Argument ist dabei so eingängig wie das von Miller und Wolke einschlägig: Schlecht codiert ist langsam übertragen – ob im Gehirn oder bei der Post, ob unter den Bedingungen von Goethezeit oder Gegenwart spielt dabei keine Rolle. Die Codierung – gleichgültig wovon – hat Folgen für den Informationsfluss und ist damit auch für mögliche Stockungen verantwortlich. Und ähnlich wie Miller den Sachstand der ihm zeitnahen Informationstheorie bemüht, um sein

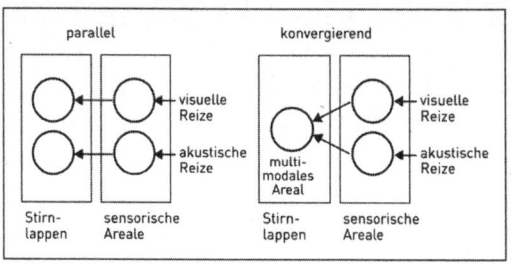

Abb. 10: Schaubild zur Verarbeitung von Sinnesreiz-Informationen im Gehirn nach Torkel Klingberg (Multitasking, a.a.O., S. 55): Links die verlustfreie parallele Verarbeitung, rechts die mit Verlustrisiken behaftete Konvergenz in einem *bottleneck*.

Anliegen voranzutreiben, gerät an dieser Stelle auch Klingberg in den Sog der Informatik – einer Wissenschaft, die für den Umgang mit Flaschenhälsen nachgerade prädestiniert zu sein scheint.[7] Im Zeichen von *bottleneck* und *bottleneck*-Vermeidungsstrategien, das wird später noch zu zeigen sein, werden jedenfalls die Grundlagen moderner Rechentechnik verhandelt. Für Klingberg gibt es zwei Möglichkeiten, die in Rede stehenden Phänomene zu veranschaulichen: Die eine geht von einer parallelen Verarbeitung aus, wie sie in der Informatik in Parallelrechnern zur Anwendung gelangt. Die andere unterstellt einen konvergierenden Informationsfluss, der zugleich das Risiko der Verengung birgt.

Damit ist für Klingberg zugleich der Einsatzpunkt gegeben, um noch einmal auf Miller und dessen launige Ausführungen über die Siebenzahl zurückzukommen. Selbstredend, so Klingberg, sei dessen einfache Gleichsetzung von Gehirn und Kupferdraht zu naiv gedacht, um dem Komplexitätsstand der gegenwärtigen Kognitionswissenschaft das Wasser reichen zu können. Überhaupt nicht naiv sei und bleibe aber die Frage danach, welche Ursachen für Engpässe und Beschränkungen dingfest zu machen und ob solche Restriktionen zu lokalisieren seien. Wie also kommt es zu Beschränkungen, die uns dann angesichts eines bestimmten *Zuviel* an Tasks als hoffnungslos überfordert und damit wie die arme Lotta aus Klingbergs Buch dastehen lassen? Oder die im anderen Extrem Multimind-Künstler wie Harry Kahne aufs Podest schier unerreichter Mehrfachverarbeitung hieven? Klingberg verweist auf eine Reihe von Untersuchungen, in deren Verlauf sich Areale im Stirn- und Scheitellappen auftun, die als Orte solcher Beschränkung infrage kommen. Sind damit auch die Schaltstellen für ge- oder misslingendes Multitasking gefunden? Ein berühmtes Hirn scheint die zugehörige Befundlage der Forschung zu untermauern, und so werden einmal mehr die zerebralen Besonderheiten Albert Einsteins zum Anlass von Überlegungen, die der besonderen Furchung einer bestimmten Rinde gelten.[8] Möglich wird aber noch etwas anderes: eine Rede von der mentalen Bandbreite, die nicht oder nicht ausschließlich im Bereich des Metaphorischen bleibt – wie das blumige Zugeständnis, Frauen als die vorrangig Multitasking-Befähigten hätten eben DSL im Kopf und wären damit Millers altertümlichen Kupferdrähten haushoch überlegen. Wieder liegt ein Rechenexempel nahe: Wie verhält es sich mit den Leistungskurven bei der Ausführung zweier Aufgaben? Entsprechende Graphen zeigen, dass die Aufmerksamkeit abhängig ist von der Komplexität der Aufgabe und dass Konstellationen möglich sind, in denen Menschen ihre Kapazität auf weit über 100 Prozent zu steigern vermögen. So kommt es in einem Rechenexempel zu beachtlichen 134 Prozent, die aus der Summe von 90 Prozent für Aufgabe A und 44 Prozent für Aufgabe B resultieren. Aber der Schein der Leistungssteigerung trügt, ist eine solche Zahl doch lediglich durch eine Verlängerung der Gesamtbearbeitungsdauer erkauft, die ihrerseits durch den ständigen Wechsel zwischen beiden Tasks verursacht ist.

Weil nun bei solchen Bezugsetzungen die Art der Aufgaben von Relevanz ist, hat auch hier die Stunde der Nebenläufigkeiten und mit ihr die der Ökonomie des Unbewussten geschlagen. Eingeschliffene und automatisierte Routinen – zu deren Stellenwert in den Arbeits-, Sport- oder Bewegungslehren der klassischen Moderne viel zu sagen wäre und zu deren Veranschaulichung in der gegenwärtigeren Moderne die handwerklichen Propädeutika und Hausarbeitsübungen nachmaliger Karate Kids einschlägig sind – können mit komplexeren durchaus gekoppelt werden, weil sie eben weniger oder kaum bewusster Steuerung bedürfen. Ein Spaziergang und eine dabei geführte Konversation gehen Hand in Hand – genau wie Stricken und Schulunterricht, wie Häkeln und Erwachsenenbildung, wie vormaliges Zäunestreichen und nachmaliger Nahkampf. Anders sieht es bei einem, wenn nicht dem klassischen Exemplum der Multitasking-Debatte aus, nämlich beim Autofahren. Fernab realer Verkehrsströme und deren nicht minder realen Unfallgefahren wird allerorts, von Schweden bis Amerika, simuliert, wie Fahren und (Fern-)-Sprechen zusammengehen. Lediglich die Fahrzeugtypen unterscheiden sich und tragen regionalen Besonderheiten Rechnung. So muss in Schweden, Lottas Heimatland, selbstredend ein Saab zum Einsatz gelangen. Die Ergebnisse bestätigen, was Psychologen und Unfallforscher, Systemtheoretiker und Reifenhersteller immer schon wussten oder jedenfalls ahnten: Konversation und adäquates Fahrverhalten sind nicht unbedingt positiv korreliert – oder, um den Titel (und damit zugleich auch noch die üblich verdächtigen Gerätschaften) einer einschlägigen Studie zu nennen: »Driven to distraction: Dual-task studies of simulated driving and conversing on a cellular telephone«.[9] Das Auto birgt die letzten Utopien der Kommunikation und die größten Ressourcen der Nachsicht.[10] Denn auch das Auto wurde inzwischen im

Dienste der Vorsicht nachgerüstet, man hat sich also einer der zentralen Herausforderungen gestellt – so in der Einschätzung des BMW-Mannes Raymond Freymann und mit Blick auf das Akronym HMI (für Human Machine Interface).[11] Zieht man einmal entsprechende Arbeiten über Multitasking im Automobil zu Rate, entpuppt sich die Gestaltung der HMIs gar als Schlüssel der Mobilität.[12] Dabei geht es weniger um die soziale Situation im Auto als vielmehr um die Anforderungen an den einzelnen Fahrer, die bestimmt sind durch die Fahrraumgestaltung und die Anordnung der vielfältigen Bedienelemente. Hinterm Steuer werden »Doppelaufgabenparadigma« und »prospektive Systemgestaltung« verhandelbar, wie es in der gewichtigen Diktion einer Arbeit über »Multitasking-Heuristiken in dynamischer Mensch-Technik-Interaktion« heißt.[13] Wie der Autor in einer anderen Studie ausführt, scheint vor allem das Problem der Ablenkung und Unterbrechung fahrtechnisch gelöst, gilt doch die »Unterbrechbarkeit von Bedienvorgängen während zeitkritischer Fahrsituationen« inzwischen als weitgehend gewährleistet.[14] Produkte und ihre Entwickler entscheiden über die Unterbrechbarkeit von Nebentätigkeiten – ohne, wie es eigens heißt, den Fahrer dabei zu bevormunden oder ihn gar zusätzlich zu verwirren. So nachsichtig kann Technik im Zeichen der Fürsorge sein, so umsichtig werden Aufmerksamkeitspolizeien heute betrieben.[15]

Was aber passiert im Gehirn, wenn der Mensch ohne die Hilfe von Technik und HMI mehrere Dinge gleichzeitig tut? Warum gelingt es im Fall eines Spazierganggeplauders so mühelos, während es in anderen Situationen überhaupt nicht klappt? Die Forschung bietet dazu mehrere Theorien und Hypothesen an, die man auf zwei Positionen herunterbrechen kann. Die eine handelt tatsächlich von der Möglichkeit einer Lokalisierung einer entsprechenden Befähigung im Gehirn, die andere stellt diese in

Abrede. Wie häufig in solchen Fällen gibt es Studien, die beides belegen, und Forscher, welche die Ergebnisse der jeweils anderen Fraktion infrage stellen. Eine dieser Gruppen, vertreten durch Mark D'Esposito, will ein regelrechtes Multitasking-Areal ausgemacht haben – ein Befund, den Klingberg mit Verweis auf eine andere Studie, die das nicht reproduzieren konnte, angreift, um sogleich eine weitere Studie anzuführen, die eine solche Zuordnung wiederum zu bestätigen scheint.[16] Kurz gesagt: Die Sache bleibt offen. Nicht offen sind allerdings Grundprobleme und logische Sackgassen, die mit der Frage nach der steuernden und regulierenden Instanz einhergehen.[17] Unterstellt man tatsächlich eine zentrale Exekutive, die für die Ausführung einer Aufgabe federführend sein soll, gerät man schnell an erwartbare Aporien der Steuerung. Karikiert werden diese im Modell des Homunculus, eines kleinen Gouvernators, der im Kopf sitzt, die Strippen zieht und sich mit Zunahme der Tasks allerdings selbst immer weiter vervielfältigen müsste – ein ebenso infiniter wie paradoxaler Fall der personalisiert gedachten Kontrollinstanzenmultiplikation.

Das alternative Erklärungsmodell gibt eine solche Zentrale mitsamt ihren Ungereimtheiten preis und trägt der Tatsache Rechnung, dass nicht ein einziges Areal zuständig ist, sondern ein Netzwerk unterschiedlicher Areale. Dabei kann es zu jenen Konkurrenzsituationen kommen, die Klingberg als Überlappung beschreibt und bei denen beide Netzwerke nicht voll leistungsfähig sind – jedenfalls nicht so, wie sie es wären, wenn sie jeweils nur für sich operierten und nur eine einzige Aufgabe zu verrichten hätten. Bezieht man das auf das Verhältnis von Multitasking und Arbeitsgedächtnis, ergibt sich folgende Lage: Nach der ersten Hypothese bedarf es für die Bearbeitung simultaner Tasks eines übergeordneten Steuerungszentrums, das die Koordinierung

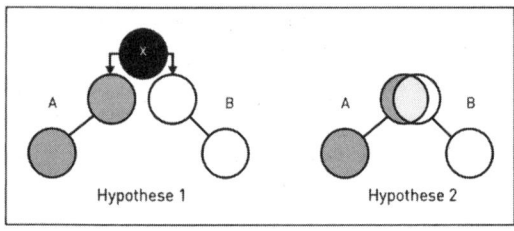

Abb. 11: Multitasking-Modelle des Gehirns nach Torkel Klingberg (Multitasking, a. a. O., S. 78): links die Annahme eines »Kontrollzentrums«, das Aufgaben auftrennt und delegiert, rechts jene »überlappender« Verarbeitung.

übernimmt. Nach der zweiten Hypothese, der Überlappungstheorie, kommt es zu Störungen, wenn beide Aufgaben gleichzeitig dasselbe Hirnareal nutzen. Eigens zur Überprüfung angestellte Untersuchungen hätten ergeben, so Klingberg, dass sich ein spezielles Steuerungsareal nicht ausmachen lässt – wohl aber diverse Überlappungen. Auch ein von Klingberg gemeinsam mit einer Kollegin veranstaltetes Experiment, bei dem nicht Auto gefahren, sondern Alltagswissen abgefragt wird, förderte Ähnliches zutage. Wieder konnte ein Multitasking-Areal nicht geortet werden, wieder scheint sich die Annahme von der Überlappung zu bestätigen.

Was die bildgebenden Verfahren vor Augen stellen, sind vor allem Trainingseffekte, wie sie in einer Vielzahl von Experimenten belegt sind. Untersuchungen bei Musikern oder Jongleuren, bei Blindgeborenen, die Braille-Schrift lesen und dabei das für das Sehen zuständige Areal nutzen, oder bei Taubgeborenen, deren Gebärdenspracherwerb mit einer Aktivierung der Hörzentren einhergeht – all diese Befunde zeugen von einer schier unablässigen Plastizität des Gehirns.[18] Die Veränderungen in der Vernetzungsstruktur aufgrund von Übungseffekten können von den

Neurowissenschaftlern mittels bildgebender Verfahren gesehen und in Computersimulationen nachgestellt werden. Wenn Trainingseinheiten und ihre Aussetzung Spuren hinterlassen, ist Spekulationen über die Trainierbarkeit des Arbeitsgedächtnisses Tür und Tor geöffnet. Mit ihnen schimmert noch einmal eine alte Tradition mitsamt ihrer eindringlichen und zum Teil hochgradig katachrestischen Bildlichkeit durch, die im Rahmen moderner Selbstbewirtschaftungspläne aufkam. Das geschieht, auf Seiten einer diffusen Praxis, in diversen Gymnastiken des Willens und, auf Seiten einer populär gehaltenen Theorie, in absonderlich wirkenden Redeweisen und Bildern. Bei Carl Ludwig Schleich (1859-1922) kann etwa eingängig von mikroskopischen Turnübungen des Geistes und von eigens ausgewiesenen Muskelindividuen geredet werden, sorgsam trainiert von muskulären Schleusenwärtern, die alles tun, um Stärke und Sprungkraft zu steigern.[19] Die Bildgebung des deutschen Chirurgen und Schriftstellers vermag dabei mühelos zwischen einer hydraulisch-analogen Metaphorik des Wassers und dem elektrisch-digitalen Schaltwerk der Gedanken zu wechseln. Was im historischen Beispiel vielleicht skurril, in jedem Fall aber antiquiert anmutet, all diese kleinen Muskelspiele und die sie ausführenden Männchen, die im Kopf herumturnen und zum höheren Ruhm des eigenen Selbst irgendwelche Übungen verrichten, verliert sich mitsamt der Kasuistik – an gegenwärtigen Einsatzstellen, die Fragen der Optimierung und der Trainierbarkeit fernab überholt wirkender Veranschaulichungsstrategien in aller Konsequenz durchexerzieren.[20] Dort machen die spielerischen Schrägheiten der gewählten Beschreibungssprache sehr grundlegenden Forderungen nach der Zulässigkeit von und nach der Verpflichtung zu Interventionen Platz: Dafür steht eine Gruppe von Wissenschaftlern um den Neurowissenschaftler und Nobelpreisträger Eric R. Kandel ein, die mit einem Aufsatz über »Neurocognitive enhancement« eine Grundsatzdiskussion über Vor- und Nachteile, über ethische Herausforderungen und Probleme angestoßen haben.[21] Der durchaus umstrittene Text über neurokognitive Optimierung vergleicht deren Möglichkeiten mit kulturellen Großentwicklungen der Menschheitsgeschichte sowie den damit verbundenen Epocheneinschnitten. Auf diese Weise gerät der Übergang zur Eisenzeit in den Blick, der durch die Erfindung der Schmiedekunst markiert wird. Was also können und was also sollen wir tun im Angesicht neuer Epochen und ihrer Möglichkeiten?[22] Was wäre heute das neurokognitive Äquivalent zur Technologie der Eisenverfertigung? Und welches Potenzierungspotenzial entspräche dem auf Seiten der Biologie?

Das wiederum führt Klingberg – seine Position ist nicht ganz so umstritten und in ihren Konsequenzen auch nicht ganz so weitreichend wie die besagter Wissenschaftlergruppe – zu RoboMemo, einem Übungsprogramm, mit dem sich entsprechende Effekte bei untersuchten Kindern und in großer Nähe zu Computerspielen (und deren endlich auch einmal wissenschaftlich belegtem Nutzen) nachweisen lassen. Aber auch der Alltag hält hinreichend Ressourcen bereit, wie eine »Einstein Aging Study« aus den USA belegt, bei der ältere Menschen auf die Folgen mentaler Fitnessstudios hin erforscht werden. Mit der behaupteten und in zahlreichen Studien nachgewiesenen Plastizität des Gehirns und seiner Trainierbarkeit sind die Grundlagen gegeben für eine ganze Reihe von Untersuchungen, von denen Klingberg berichtet: Diese gelten Menschen und Affen, dem Betreiben irgendwelcher Gerätschaften oder der Beschäftigung mit Computerspielen. Zur Verschränkung gelangen all diese Faktoren in einer Studie, die von computerspielenden Kindern anlässlich eines Zoobesuchs handelt und deren besondere Pointe darin besteht, die dezidierte Labornähe und Lebensferne gegeneinander abzugleichen.[23] Endlich werden die Aufmerksamkeitsgestörten in die Wirklichkeit entlassen und zugleich noch an ihrer Medienkompetenz gemessen. Im Fall der Studie »ADHD outside the laboratory: Boys' executive function performance on tasks in videogame play and on a visit to the zoo« geraten Kindergruppen mit und ohne ADHD (Attention Deficit Hyperactivity Disorder) in einen Tierpark, in dem sie das tun sollen, was man dort gemeinhin eben so tut – einen bestimmten Weg abschreiten und dabei unterschiedliche Tiere in ihrer gehegten Umwelt besuchen. Da das Ganze aber in einem *Journal of Abnormal Child Psychology* erscheint, geht es auch hier um Spiele der Normalität, mithin um den Vergleich der Verhaltensweisen von Anormalen mit denen einer sorgsam ausgewählten Kontrollgruppe von Standardnormalen. Immerhin, so das Ergebnis der Studie, zeigte sich ein sonderbares Verhältnis zwischen der Videospielkompetenz der untersuchten Jungen und ihrer Befähigung zum Umgang mit anderen Artgenossen.

5 Zurück in die Steinzeit

Klingberg hat allerdings noch einen letzten Protagonisten in petto, von dessen Ausstattung sein ganzes Buch mehr oder weniger explizit handelt: den Cro-Magnon-Menschen. Mit ihm wendet sich der Kognitionsforscher nach seiner fiktiven Lotta und all den Probanden mit oder ohne Aufmerksamkeitsstörung dem Urzeit-Gehirn zu, taucht also ab in die Untiefen der Evolution und nimmt dabei eine Vergangenheit eigener Art in den Blick – zu weit weg, als das ausgefeilte Kulturtechniken ausführlich von ihr berichten könnten, von keinem gängigen Archiv erreicht und von kaum einer Zeichentechnik tangiert. So sind es paläontologisch gestützte Mutmaßungen darüber, wie es in der Steinzeit zur Sache gegangen sein mochte (in welchen sozialen Verbänden der frühe Mensch organisiert war und mithilfe welcher Werkzeuge er sein Leben fristete), die Klingbergs argumentative Basis bilden: Vormoderne steht gegen Moderne, Komplexität gegen kaum überbietbare Schlichtheit, Atavismus gegen Hightech. Bei all diesen Unterschieden scheint die einzige Konstante das Gehirn zu sein, und so liegt es nahe, dasjenige des Cro-Magnon-Menschen neben das von Lotta zu stellen und die jeweiligen Leistungen direkt miteinander zu vergleichen. Im Verhältnis beider hat sich jedenfalls nicht annähernd so viel getan, wie es kulturdiagnostische Befunde vielleicht erhoffen oder gar erwarten ließen. Das Hirn konnte mit dem zivilisatorischen Fortschritt nicht Schritt halten, jedenfalls nicht, was seine messbare Masse anbelangt; Lottas Ausstattung ist vielmehr mit der unserer 40000 Jahre entfernten Vorfahren, so führt Klingberg aus, nahezu identisch. Damit liegt die Frage nahe, wie sich Menschen mit einem derartigen Atavismus im Kopf den Anforderungen und Überbürdungen der Moderne stellen sollen. Und das ist die zentrale Frage, der Klingberg die ganze Zeit und sein ganzes Buch hindurch nachspürt.

Während der Cro-Magnon-Mensch werkzeugtechnisch maximal auf dem Stand widerhakenbesetzter beinerner Harpunen war und sich die soziale Inanspruchnahme im Steinzeitalltag sowie die ihn erreichende Datenflut in Grenzen gehalten haben dürfte, ist die Lage in der Gegenwart deutlich verändert: Die technologische Entwicklung sei aber nicht nur ein beliebiger Ansporn für Multitasking, sie fordere, so die Einschätzung Klingbergs, Simultanleistungen regelrecht heraus.[1] Diese These birgt eine medienanthropologische Pointe von Brisanz. Was damit unterstellt wird, geht nicht in munteren Medientheorien auf, die von Ernst Kapp bis Marshall McLuhan in der bloßen Erweiterung menschlicher Organe ihr Erklärungsheil suchen.[2] Der Hammer gerät nicht mehr als verlängerter Arm der Hand in den Blick, ein atavistisches Beispiel aus den Gründertagen der Medientheorie, das man auch auf die Werkzeug-, Ding- und Medienwelt der Moderne erweitern kann; vielmehr zwingt sie den Menschen selbst zu Veränderungen, ja, sie zwingt ihm diese Veränderungen regelrecht auf. Nicht der Mensch gilt als die konstant gesetzte und von einigen Anthropologien mit einem stabilen Wesen versehene Größe, die es im Lauf der Zeiten mit unterschiedlich komplexen Umwelten zu tun bekommt, zu denen (und das heißt auch zu deren dinglichen Ausgestaltungen) er sich in einer Art dezisionistischer Setzung verhalten oder es eben bleiben lassen kann (Lotta ist möglicherweise eine überzeugte Anhängerin von Biokost, weshalb ihr keine Mikrowelle in die Küche kommt), nein, der Mensch ist den Zumutungen der Dinge und Medien auf eine bestimmte Weise ausgeliefert. Er steht unter einem Kompatibilitätsdruck, der nicht auf Seiten der Medien eingelöst und entschieden werden muss, sondern umgekehrt durch seine Anpassungen an diese. Dieser kleine Schlenker sei einem Medienwissenschaftler erlaubt, eben weil man unsere Zunft notorisch nur darüber befragt, was wir von irgendwelchen Inhalten halten – ob wir Dieter Bohlen nicht auch unerträglich, das Dschungelcamp öde und Reality-Formate menschenverachtend finden. In der Beantwortung solcher Fragen wird die Medienwissenschaft kaum eine Chance haben, intellektuell zu reüssieren; in der anderen Frage, nämlich der nach der Form, in der die Kompatibilitätsanforderungen der Medien auf uns selbst durchschlagen, liegt allerdings ein Potenzial, das ungleich weitreichender und zielführender ist.[3]

Wie also geht der Atavismus im Kopf mit der Entwicklung der technischen Umwelt zusammen, die ja unvermindert weiterlaufen wird? Klingberg setzt hier voll auf die Plastizität des Gehirns und schlussendlich auf Strategien der klugen Bewirtschaftung vorhandener Ressourcen. Die Formbarkeit des Gehirns begründet seinen Optimismus, und es sind Vernunft sowie wissenschaftliche Erkenntnisse, aus denen Umgangsweisen mit sich selbst abgeleitet werden können, die auch in der Moderne dafür sorgen, dass wir nicht zwangsläufig den Kopf verlieren müssen. Klingberg redet damit weder einem einfachen Evolutionismus das Wort noch erschöpft er sich in kulturkritischem Pathos oder gar Lamento. Stattdessen entdeckt er zwischen Überlastung und Unterforderung die schöne Ausgeglichenheit und führt zu deren Bestätigung die Theorie des Flow an, wie sie der amerikanische Psychologe Mihály Csíkszentmihályi als probates Glücksmittel beschreibt.[4] Angesichts einer Liste von Gefahren und Herausforderungen soll der Mensch gerade dort seine Balance und innere Mitte finden, wo er im Tun und bei einer Sache vollständig aufgeht. Im rechten Maß liegt das Glück und damit auch die Vermeidung jener Langeweile, die als das andere Extrem in der Bewirtschaftung des Menschen von sich reden macht – nicht als Burn-out in Folge hemmungsloser Überbeanspruchung, sondern als Bore-out, als Unterforderungsgefahr, die sich dann einstellt, wenn eben zu wenig geht.⁵ Um die gestiegenen Anforderungen an unsere Aufmerksamkeitsökonomie (etwa durch Nicht-Linearität) zu untermauern, verweist Klingberg nicht zuletzt auf den Unterhaltungssektor. Fernsehserien wie *Starsky & Hutch* oder Formate wie die *Sopranos* würden mit ihren verwickelten Handlungssträngen zunehmend Parallelverarbeitung nötig machen – ein Vorgang, der wissenschaftlich gut untersucht ist und mit entsprechenden Grafiken zu Buche schlägt. Linearität jedenfalls war einmal. Und die Technik rüstet nach und stellt mit Zusatzfunktionen wie dem Bild im Bild gleich noch die Möglichkeit bereit, parallele Rezeption auch tatsächlich zu betreiben. Das mehr oder weniger schleichende Diktat der Mehrfachverarbeitung ist aber nicht nur in Fernsehgeräte verbaut, es hat längst den Boden kleiner, alltagstauglicher und allgegenwärtiger Gerätschaften erreicht. Die Spielkonsolenentwicklung etwa trug dem Rechnung und brachte mit Apparaten wie Nintendos Gameboy Gerätschaften auf den Markt, die in Form gleichzeitig zu bespielender Bildschirme Anordnungen kommerzialisieren, mit denen Wissenschaftler in ihren Labors vormals Aufmerksamkeiten testen wollten.

Und auch die Siebenzahl des Psychologen Miller findet Eingang in die Sehordnungen der Moderne und bestimmt deren Wahrnehmungsökonomie. Die magische Zahl zeichnet letztendlich sogar für die Ausgestaltung jener großen Leistungsschauen verantwortlich, die im Rahmen von Weltausstellungen die potenzierte Ordnung der Dinge vor die Augen eines Breitenpublikums stellen sollen. In ihren legendären Pavillons und Installationen macht das Designerpaar Charles und Ray Eames (zusammen mit dem Büromaschinenhersteller IBM) im Namen eines unaufhaltsamen Fortschritts geltend, was die Labore an Zahlenmagie ans Tageslicht gefördert haben: Nicht über sieben Brücken sollst Du gehen, sondern auf sieben Bildschirme gleichzeitig blicken, um dort die Wunderwelt Amerikas, der modernen Wissenschaft oder wessen auch immer in der Pracht numerisch gesteigerter Darstellung zu goutieren – Leistungsbilanzen an denkbar exponierten Orten und mit einer kaum zu überschätzenden Signalwirkung.[6] Doch was da über irgendwelche Psychologielabors und in Form einschlägiger Aufsätze in die bunte Welt optisch angereicherter Weltausstellungen gelangt, hat selbst eine Vorgeschichte, die zwar mit weniger Leuchtkraft ausgestattet, dafür aber nicht minder launig gehalten ist als die des zahlengeplagten Psychologen. Ihre Schilderung dient einmal mehr als Beleg für die technische und selbstbetriebliche Geschäftigkeit, die mit solchen Unterfangen einhergeht.

Die Kämpfe um vermeintliche Zahlenmagien erscheinen damit nicht ganz so absonderlich, wie es mit Blick auf Millers vermeintliche Marotte und Klingbergs entsprechende Exposition vielleicht der Fall sein mag. Zeitlich führt diese Geschichte zurück an den Beginn des 20. Jahrhunderts und fachgeschichtlich zu den interdisziplinären Anstrengungen eines eben erst entstandenen Forschungszweigs, der sich ganz der Zeit verschrieben hat. Als junge Disziplin liefert gerade die Zeitforschung ein reflexives Begleitprogramm, das die Auswirkungen künstlicher Rhythmisierung und die dadurch erzwungene Synchronisierung in der modernen Fabrik- und Lebenswelt zu beschreiben sucht. Flankiert wird sie von der Chronobiologie, einer Wissenschaft, die biologischen Rhythmen bei allen denkbaren Organismen nachspürt und sich damit beschäftigt, was geschieht, wenn diese Rhythmik außer Kraft gesetzt wird:[7] Was passiert, wenn man etwa Pflanzen in lichtdichte Schränke sperrt oder Menschen schon zu Lebzeiten unter die Erde verbringt – in natürliche Höhlen, wie im Fall des französischen Geologen Michel Siffre, oder in eigens angelegte Zeitisolationsbunker, wie sie zum Beispiel im bayerischen Andechs als Behausung für allerlei Experimente dienten. Und natürlich wollten die Forscher wissen, wie sich die Eigenheiten der sogenannten Biorhythmik zu den veränderten Lebens- und Arbeitsweisen der Moderne verhalten, also welche Folgen Schicht- und Nachtarbeit oder bestimmte Lebens- und Reisegewohnheiten auf Konzentration und Leistungsfähigkeit haben. Im Zuge dieser Untersuchungen gerät ein Bündel von Agenten und Anliegen in den Fokus der Forscher: In den Langzeitstudien im Andechser Bunker untersuchte man mit Rektalsonden den Temperaturzyklus des Menschen; in Transozeanversuchen wurden Bienen in andere Zeitzonen transportiert, um ihre inneren Uhren mit den Reisebedingungen der Moderne und dem Phänomen des Jetlag abzugleichen; Eskimos und Pinguine gerieten in ihrer natürlichen Umwelt ebenso ins Visier wie Globetrotter und Schichtarbeiter; natürlichen Höhlenbewohnern forscht man im generationenübergreifenden Dauerdunkel hinterher; und der Schimmelpilz Neurospora wird eigens in das Raumlabor Spacelab 1 verbracht, um dort die circadiane Rhythmik unter Weltraumbedingungen zu testen. Weil es gilt, den Eigensinn und die Eigenzeit gerade mittels ihrer Störung dingfest zu machen, wird immer wieder mit Hemmung oder Verhinderung gearbeitet. Unterbrechungen sollen die natürliche Zeitordnung verwirren, damit man nach ihrer Beseitigung entsprechend Aufschluss über den ursprünglichen, weil ungestörten Rhythmus erhält. Um die Frage, was diesen Rhythmen schlussendlich zugrunde liegt, formiert sich im 20. Jahrhundert ein eindrucksvoller Forschungsverbund.[8] Nicht zuletzt vorangetrieben durch Erkenntnisse der modernen Biologie, die entsprechende Sequenzen im Erbmaterial lokalisieren und eigene Zeitsinnschalter identifizieren kann, verlagert sich das Interesse für die zeitliche Organisation zunehmend auf die Ebene der Gene.[9]

Im Vorfeld einer im großen Stil betriebenen und interdisziplinär angelegten Verwissenschaftlichung solcher Phänomene macht eine ausgesprochen populäre Lehre (und mit ihr einmal mehr die magische Sieben) von sich reden, mit der die strenge Zeitforschung gerne und mit gravierenden Imageschäden verwechselt wird. Diese Lehre von den zeitlichen Gesetzmäßigkeiten des Menschenlebens geht zurück auf den Berliner Hals-Nasen-Ohren-Arzt Wilhelm Fließ (1858-1928) und den Wiener Psychologen Hermann Swoboda (1873-1963). Deren ebenso obskures wie breitenwirksames Interesse galt dem Versuch, Eigenrhythmen verschiedenster Provenienz nachzuweisen und biografische Besonderheiten darauf zurückzuführen. Unter dem Titel *Der Ablauf des Lebens* versuchte sich Wilhelm Fließ so an einer *Grundlegung zur exakten Biologie*.[10] Und es ist natürlich die Siebenzahl, die etwa als Siebenjahres-Rhythmus über die Leben der Menschen Regie führt, was die Vertreter der entsprechenden Position in eigenen Publikationen ebenso prominent wie materialreich zu unterfüttern suchen.[11] Bevor die Biorhythmen allerdings in den Dienst der individuellen Lebensführung gestellt (und damit gegen das Diktat der Stechuhr aufgeboten) werden können, muss man sie zunächst einmal erheben. Bei Swoboda geschieht das noch mit im Anhang beigelegten Periodenschiebern, die ganz selbstverständlich Teil seiner Publikationen sind und als solche auch im Titel mitgeführt werden.[12] Die (in welcher Hinsicht auch immer) kritischen Tage des Menschen werden ohne großen Aufwand mit den Papiermaschinen errechnet. Später wird es Taschenrechnern, Heimcomputern und Mobiltelefonen vorbehalten sein, die Herrschaft über Biorhythmen und Eigenzeiten zu übernehmen.

Wirkmächtiger als solche Details mitsamt ihren internen Streitereien über die richtige Ausgestaltung der Lehre sind jedoch Popularisierungen dieser Ansätze, mit denen sie allen innerakademischen Auseinandersetzungen und ihrer technischen Antiquiertheit zum Trotz die Alltagswelt in Form persönlicher Nutzanwendungen erreichen.[13] So krude die Angelegenheit auf uns ein gutes Jahrhundert später wirken mag (nicht zuletzt ob der Verbissenheit, mit der sie als Plagiatsstreit die publizistische Öffentlichkeit erregte), so ist sie doch mit dem Grundanliegen optimaler Selbstbewirtschaftung auf ihre Weise solidarisch. Dabei ist es weniger darum zu tun, wie in den klassischen Betriebswirtschaftslehren (etwa dem Taylorismus) vorhandene Zeitslots möglichst effizient zu nutzen sind. Im Rahmen eines *scientific management* sollen vor allem Medien eine Umsetzung der Bewirtschaftungs- und Managementmaßnahmen gewährleisten – von der Stechuhr in Fabriken bis hin zum wissenschaftlichen Apparat für die Bewegungsanalyse, zu Bewegungsspurenfotografie, zu chronozyklografischen Leistungsmessern, zu Slow Motion und zu Überblendungsverfahren. In deren Vollzug entstehen Phantombilder einer Ökonomie, die eine Personenspaltung auf der Zeitachse der von ihr auszuführenden Tätigkeiten zeigt.[14] Neben solchen erwartbaren Anwendungen wird gerade auch die Sorge um die Biorhythmik, also den nicht betriebswirtschaftlich, sondern persönlich richtigen Zeitpunkt, Gegenstand einer zeitberechnenden Aufmerksamkeit.

Was bei Swoboda und Fließ in den Papiermaschinen ihrer Periodenschieber und Tabellen verhandelt wurde, vollzieht den Medienwechsel mit und wird im Wortsinne von dem abgelöst, was wir als Personal Computer handeln.[15] Nie wird diese Wortfügung so performativ stimmig gewesen sein wie in diesem unfreiwilligen Verbund aus Lebensgeschichte und Technik, aus Eigensinn und

Abb. 12: Schreibmaschinenphantom (fotografische Studie zu Bewegungsabläufen bei der Arbeit an der Schreibmaschine) nach Frank B. und Lillian M. Gilbreth (*Motion Study For The Handicapped*, London: Routledge 1920, S. 12 f.).

Eigenzeit. So dienen Kenntnis und Beachtung biorhythmischer Gegebenheiten etwa als Lebenshilfe – wie zum Beispiel in George S. Thommens *Is This Your Day? How the Science of Biorhythm Enables You to Find Your Natural Rhythm and Life Cycles to Help Guide You to a Fuller and Safer Life*.[16] Und unter dem Titel *Die Kopfuhr. Das automatische Erwachen. Wunsch- oder vorsatzgemäße Terminleistungen* konnte im Jahr 1954 trefflich darüber räsoniert werden, ob und wie man das Zeitmanagement internalisieren und so zu einer material- und medienfreien Psychotechnik erheben konnte, die sich gar »zur ungewohnten Zeit, besonders während des Schlafes« zum Einsatz bringen ließ.[17] Unter den Bedingungen sowjetischer und das heißt planwirtschaftlich organisierter Leistungssteigerung werden schließlich Helden der Arbeit wie in Valentin Kataevs Roman *Im Sturmschritt Vorwärts!* aus dem Jahr 1932 möglich, die derlei Zeitmanagement zum höheren Ruhm kollektiver Anstrengungen längst internalisiert haben. Der Protagonist geht in einer Rhythmik auf, die vom ökonomischen Gesamtgeschehen und nicht zuletzt von der Eigenzeit der Maschinen zwanglos diktiert wird – ohne Zuhilfenahme realer Uhren und ohne sich dabei auch nur ansatzweise zu verzetteln.[18]

Man mag es drehen und wenden, wie man will: Unbeschadet aller Einzelbefunde, ihrer jeweiligen Plausibilität und ihrer Funktion für das große Narrativ vom Multitasking als Markenzeichen der Moderne mündet das Ganze bei Klingberg in den Gestus einer fast schon abgeklärten Unaufgeregtheit und Entdramatisierung. Wohltuend und durchaus alltagssachverstandstauglich ist der Hinweis darauf, dass nicht gleich jede hausbackene Schusseligkeit die Diagnose einer Aufmerksamkeitsstörung aufdrängt und den Griff zu Ritalin (oder im gegenteiligen Fall zu Koffein, einem probaten Multitasking-Beschleunigungsmittel) notwendig erscheinen lässt. Stattdessen verfällt der Neuropsychologe in einen Duktus, der dem der populären Lebenshilfen und ihrer Anliegen nicht unähnlich ist und der getreu dem Untertitel von einer Bewältigung der Informationsflut spricht, ohne dass man dabei gleich den Verstand verlieren muss. Außerdem finden sich Ratschläge, wie man den Kopf über Wasser behält, etwa durch kleine Änderungen, die nur minimal in die Routinen eingreifen und die dennoch große Wirkungen zeigen. So gibt ein von ihm angeführtes Buch über ADD (Attention Deficit Disorder) am Arbeitsplatz Empfehlungen, die man mit ein wenig gutem Willen durchaus auch dem gesunden Menschenverstand hätte zuschreiben können: die Bündelung von Kommunikationsstrukturen, die Vermeidung unnötiger Unterbrechungen durch das Ausschalten von Störsignalen wie etwa eingehender Mails, das Erstellen realistischer (!) Arbeitspläne, eine maßvolle Verwendung entsprechender Gerätschaften und dergleichen mehr.[19] Und selbstverständlich haben all diese Phänomene fernab einer wie auch immer ausgewiesenen Lebenskompetenz und unabhängig von ausgewiesenen Symptomatiken (mitsamt ihren vielfältigen Akronymen) ihre hinreichende Bearbeitung in den Wissenschaften erfahren: ob bezogen auf mikroökonomisch relevante Kommunikationsstrukturen oder gar auf die Natur eines betriebswirtschaftlichen Managements überhaupt, ob bezogen auf einen regulierten Umgang mit Unterbrechungen am Arbeitsplatz oder die Unterstützung bei der Ausführung vielfältiger Tätigkeiten, nicht zuletzt bezogen auf die Ausgestaltung eines bürokratischen Oberflächendesigns.[20] Selbst für die Subroutine des E-Mail-Verkehrs sind längst Tools entwickelt worden, die den Übersteuerungen die Spitzen brechen und das Mailen im Arbeitsalltag bewältigbar machen sollen.[21]

Von derlei Spezialuntersuchungen eines im weitesten Sinne betriebswirtschaftlichen Handelns mitsamt seinen Details hält sich Klingberg auf wohltuende Weise fern. Von Balance ist bei ihm stattdessen die Rede, von Planungsstrategien, mit denen man (oder Lotta) trotz vielfältiger Anforderungen seine Alltagstauglichkeit durchaus bewahren kann, und nicht zuletzt vom richtigen Einsatz der dazu vorhandenen Techniken, die Simultanleistungen, wie schon gesagt, voraussetzen bzw. diese regelrecht erzwingen. Der Erzählstil ist eigenwillig berechenbar und typisch für das Genre – wohlwollend, popularisierend, alltagstauglich, immer mit dem Blick für die Sorgen und Nöte der Zeitgenossen, für die Leiden der fiktiven Lotta in ihrem multigetaskten Büro- bzw. Lebensalltag. Kleine Selbstbezüglichkeiten über die eigenen Schwächen fehlen ebenso wenig wie Scherze über das Suchtpotenzial des Blackberry Smartphones, das im Bekanntenkreis Klingbergs nur noch als »Crack-Berry« gehandelt wird. Gelegentlich wirkt das wie eine Anbiederung an die Alltagswelt, mit der man sich vertraut gibt und der gegenüber man eben gerade dadurch den Eindruck zerstreuen will, man wäre hinter den Labortüren der eigenen Disziplin verschwunden. Dieser Gestus scheint eigens dazu angetreten, jenen der Wissenschaft zu kompensieren, so als ob Infotainment in keiner anderen als ebendieser Form vonstattengehen könnte – smart, offen, nicht elitär, geerdet, keinem disziplinären Separatismus gehorchend und mit einem untrüglichen Gespür für Trends und Moden. Nach Ausflügen in die zeitlichen Tiefen des Cro-Magnon-Menschen und in die technischen Höhen avanciertester Medizingerätetechnik finden daher in Exkursen auch die üblichen Verdächtigen ihren Platz: tibetanische Mönche, die sich bei der Meditation bildgebenden Verfahren unterziehen (und mit Kontrollgruppen – etwa zum Thema freie Liebe – um die Wette meditieren), oder sehr weltliche Computerspiel-Nerds, die auf die Optimierung ihrer motorischen und sensuellen Fähigkeiten hin untersucht und zur Überprüfung ihrer Alltagstauglichkeit auch noch in den Zoo geschickt werden. Bei aller Betriebsamkeit in der Infotainment-Branche fällt einem dennoch ein Mangel bzw., wenn man jegliche Wertung vermeiden wollte, ein blinder Fleck auf. Und dessen Aufkommen hat System.

Zwischen dem realen Cro-Magnon-Menschen und den Leiden Lottas klaffen Erklärungs- oder genauer: Herleitungslücken, die im Duktus dieser Narrationen nicht geschlossen werden und – um an dieser Stelle einmal ein methodisches Argument anzuführen – die so auch nicht zu schließen sind. Bei aller Sympathie für diese (möglicherweise alternativlose) Form des Erzählens, für ihre angestrebte Alltagsbodenhaftung und ihren ungebrochenen Willen zur Fachwissenschaftsvermittlung, für ihren Gestus der ausgestellten Auswahl, die sich eben nicht im Dschungel irgendwelcher Spezialuntersuchungen und den Besonderheiten ihrer

Fachsprachen verliert, sowie für ihren durchaus ironischen und undogmatischen Stil – ihr Kegel leuchtet lediglich in die Winkel weniger Jahrzehnte.

Diesen Punkt gilt es um der eigenen Sache willen stark zu machen. Es geht dabei nicht um eine Aussage über die Gerechtigkeit der Forschung, über das Durchschleifen bestimmter Befunde oder gar um eine Kritik an Überlieferungszyklen und Halbwertzeiten. Wichtig ist vielmehr der Hinweis auf blinde Flecken und die Möglichkeiten anderer Erzählungen – solcher, die sich nicht in der Kasuistik ihrer Figuren, Exempla oder Theorieobsessionen erschöpfen. Auch und gerade wenn es dieser Gestus ist, der häufig der Diskursanalyse angelastet und zum Teil gerne geneidet wird; auch und gerade wenn solchen Herangehensweisen unterstellt wird, sie würden aus irgendwelchen zufälligen oder methodisch angeleiteten Gründen lediglich in der Nostalgie ihres Materials schwelgen und als Selbstläufer eine Arbeit in den Tiefen des Archivs betreiben; auch und gerade wenn man die vermeintlichen Idiosynkrasien ihrer Inblicknahmen bekrittelt, die, sofern sie es überhaupt über irgendeine Schwelle der Wahrnehmung schaffen, von keiner wissenschaftlichen Allgemeinheit verantwortet und zumeist nur von ihresgleichen goutiert werden, so sind sie doch in der Lage, die historisch-semantischen Bindeglieder einer Erzählung zu liefern, die ohne sie nur Stückwerk bliebe – unzusammenhängende Anekdoten aus dem Materialfundus der Geschichte, die unablässig die Requisite der Kulturwissenschaften füllen.

Was in Klingbergs Narrativ fehlt, sind genau diese Bindeglieder. Die Folge ist Blindheit – gegenüber den Anforderungen einer historischen Semantik im Allgemeinen und den Strategien der Individualisierung im Besonderen, die für die Spiralen unablässiger Selbstbewirtschaftung zuständig wären. So ausführlich der Cro-Magnon-Mensch als Bezug und Lotta als lebensweltliches Exempel bemüht werden, so wenig wird darüber gehandelt, wie jene Dynamik allererst hat freigesetzt werden können, die im Streben nach Multimind-Performern und Multitasking-Talenten gipfelt und diese als Task-Force der Moderne in Stellung bringt. Dass deren Figuren mitsamt den daran geknüpften Phantasmen eben nicht vom Himmel fallen, dass die Fixierung auf ihre parallelen Leistungen und das Schwelgen in den Zahlen Effekte im Prozess sozialer Differenzierung (meinethalben auch in dem der sozialen Evolution) sind, davon erzählen diese Geschichten nicht. Und genau deswegen müssen ihnen die unausgesprochene Expertise und der latente Sachverstand solcher Typen entgehen – seien sie entfernt wie die Heroen der Gedächtniskunst (Cäsar, Mohammed, Napoleon etc.), seien sie so spektakulär wie Harry Kahne mit seinen akrobatischen Kunststücken oder so skurril wie Klingbergs Kollegenschilderung, seien sie so unerreicht wie die Performances der Künstler, gleichgültig ob diese dazu mit allen Gliedmaßen schreiben oder sich beim Versuch der Tagesplanung in Riesenformaten verzetteln. Und es ist mitnichten das obstinat gegen diese Form der Beschäftigung vorgebrachte Kleben am Detail, der Hang zur biografisch belangbaren Anekdote, der das Gedächtnis an die historischen Gedächtniskünstler wachhält. Das Kalkül von Effizienz begründet vielmehr ein systematisches Anliegen, das in der Lage ist, den Erklärungsnöten für die Hartnäckigkeit des Multitasking und die Ungebrochenheit seines Faszinationspotenzials auf die Sprünge zu helfen – vielleicht mehr, als es Lotta und die frühen Hominiden vermögen. Der Gang ins Pleistozän und das Überspringen historisch belastbarer Zeiten verfehlen die Typen und die Praktiken, die sie verkörpern, es verfehlt die Phantasmen und die Wissensfiguren, für die sie stehen.[22]

Stattdessen haben das wohlgefällige Schildern von Typen und die Karikatur von Situationen Konjunktur. Allerorten werden überforderte Individuen gezeichnet, die man mit allerlei Ratschlüssen wieder ins Gleichgewicht bringen muss, ohne ihnen mit auf den Weg zu geben, wie sie denn in diese halsbrecherische Schieflage überhaupt haben geraten können, nach deren Maßgabe sie nicht nur von außen beschrieben werden, sondern nach deren Maßgabe sie sich auch selbst wahrnehmen, erleben und beschreiben. Nicht eine Evolution des Gehirns, sondern kulturwissenschaftlich rekonstruierbare soziale Praktiken in ihrer Verschränkung mit sich verändernden technisch-medialen Umwelten sind es gewesen, die sie dahin gebracht haben – davon aber handeln die populären Narrative nicht, diese bleiben ausgespart.[23] Es handelt sich hier nicht um einen Einzelbefund, der zufällig, wohlfeil und unfairerweise gegen eine bestimmte Form der Darstellung gerichtet wird; dieser Befund ist vielmehr einschlägig für das Verhältnis zwischen den Wissenschaftskulturen und für die Lage unseres Wissens von der Welt. Die Rekonstruktion dieser Lage und ihrer Kausalitäten wäre es dabei, die das Programm einer Medienwissenschaft begründen könnte, welche – historisch ausgerichtet, technisch informiert und (sozial)theoretisch angeleitet – die sich wandelnden Sachstände mitsamt ihren Auswirkungen auf den Menschen zum Dreh- und Angelpunkt ihrer Analysen erhebt, ohne den zeitüberdauernden Wesens- und Wissenserklärungen der Anthropologie aufzusitzen oder diesen gar zu erliegen. Diese Einschränkungen gegen eine auf Konstanten abzielende Anthropologie einmal vorausgesetzt, würde sich in ihrem Namen vielleicht sogar das Programm einer eigens ausgewiesenen Medienanthropologie abzeichnen, die nicht bei einem Menschenwesen ansetzt und dieses dann nach Maßgabe kontingenter Umweltbezüge ausbuchstabiert, sondern die den Menschen in Abhängigkeit von diesen Umwelten je anders, je neu fasst. Die einzige Konstante, wenn man denn überhaupt von einer solchen noch reden wollte, wäre in diesem Forschungsszenario die Notwendigkeit zur Konstitution selbst. Ohne technische Außenreferenz gibt es (das wurde am Beispiel unterschiedlicher Drehmomente deutlich) nicht nur keine Rede über den Menschen, es gibt ohne sie auch keinen Menschen.

6 Flaschenhälse und was in ihnen stecken bleibt

Selbstredend war das Bild vom Flaschenhals keine genuine Erfindung Millers – und außerdem nicht auf die Angelegenheiten einer anthropologischen Datenverarbeitung beschränkt, die den Fokus der bisherigen Darstellung bildete. Vielmehr ist die Psychologie ihrerseits reich an Versuchen, die Logik der Datenprozessierung auf Modelle und deren Trägertechniken zurückzuführen, wobei sie zwangsläufig an die Erklärungs- und Formalisierungsmöglichkeiten der jüngeren Informationstheorie gerät. In der Psychologie der zweiten Hälfte des 20. Jahrhunderts machten nämlich sogenannte »Flaschenhals-Theorien« Furore, die von Wissenschaftlern wie Donald Eric Broadbent, Alan T. Welford und Hal Pashler aufgestellt wurden, und zwar explizit mit Bezug auf die mathematische Informationstheorie.[1] Der Spezialfall der Einkanaltheorie Broadbents aus dem Jahr 1958 geht davon aus, dass Informationen einen Engpass passieren müssen und dass dieser Prozess analog dem Modell von Shannon und Weaver beschrieben werden kann. Die Begrenzung der Übertragungskapazität macht Selektionen notwendig, eine Einschränkung, die Welford dahin gehend zuspitzt, dass die Signale nur strikt seriell (also ein Signal pro Zeiteinheit) prozessiert werden können und dass diese Serialität durch Filterungen gewährleistet wird, die dann ihrerseits eigene Theorien und ganze Aufmerksamkeitskonzepte begründen.[2]

Gestützt wird die Einkanaltheorie durch Experimente aus der Psychologie, die der Verarbeitung sehr zeitnaher Reize gelten und die zu Theorieansätzen wie der »Psychologischen Refraktärperiode« von Welford oder Variationen wie der Dämpfungstheorie führen. Geleitet von den Modalitäten der Filterung, finden so auch Aufmerksamkeitsphänomene wie der Cocktailparty-Effekt ihre Erklärung, dem zufolge Menschen aus den Geräuschkulissen eines vielstimmigen Partygesprächs das auf sie Gemünzte zielsicher herausfiltern. Im Zuge dieser heftig umkämpften und umstrittenen Annahmen (wobei der Streit nicht nur dem Faktum des *bottleneck* als solchem, sondern auch der Radikalität dieses Ansatzes und seiner Reichweite galt) wird die Logik der Unterbrechung in den Blick genommen, bis sie schlussendlich selbst die Weihen der Verwissenschaftlichung erfährt.[3] Einer der an den Einkanaltheorien beteiligten Wissenschaftler, der englische Experimentalpsychologe Donald E. Broadbent, wird sich nach eher grundsätzlich angelegten Arbeiten zum Verhältnis von Wahrnehmung und Kommunikation aus den fünfziger Jahren später der Eigenlogik der Unterbrechung widmen und in diesem Kontext die Frage stellen, was denn eine Unterbrechung überhaupt als Unterbrechung auszeichnet.[4] Was die Begründer der Einkanaltheorien beschäftigte, war neben der Ausschließlichkeit und Radikalität des von ihnen erhobenen Prinzips die Berechenbarkeit ihrer Beobachtungen. Kann man die Restriktionen, die durch Engpässe verursacht werden, in Zahlen fassen? Wie löst das Gehirn die Verarbeitung paralleler und multipler Tasks?[5] Kommt es zu Stockungen oder gar zum Erliegen, gibt es echte Strategien des Multitasking? Oder handelt es sich lediglich um mehr oder weniger geschickte Simulationen eines solchen? Die Frage, wie sich die mathematischen Annahmen der Kommunikationstheorie auf die Belange des Menschen anwenden lassen, hat so eine Vielzahl an experimentellen Untersuchungen und theoretischen Stellungnahmen stimuliert.[6] Diese Etüden in Sachen Experimentalisierung, Berechenbarkeit und Theoriebildung wären allerdings nicht vollständig, würde man die Single-Channel-Theory nicht mitsamt ihrem Hauptprotagonisten visuell dingfest machen wollen:

Wo also steckt der Flaschenhals und wie sieht (!) er aus – vorausgesetzt, man kann ihn überhaupt zum Vorschein bringen? Arbeiten mit Titeln wie »Locus of the single-channel bottleneck in dual-task interference« oder »Isolation of a central bottleneck of information processing with time-resolved fMRI« versuchen sich mit dem Handwerkszeug der Neurowissenschaften an dieser Herausforderung.[7] Übertragen wurden Restriktionen und Filter auch auf andere Teilsysteme wie das Zusammenspiel von Wahrnehmung und Motorik – und auch hier mit dem entsprechenden Hang zur Formalisierung.

Durchaus handgreiflich und auf praktische Belange angelegt, sind die Anordnungen, denen sich der amerikanische Psychologe Paul Fitts verschrieben hat. Seine Untersuchungen der Motorik von Armbewegungen führten ihn 1954 zur Formulierung des nach ihm benannten Gesetzes. In der Ausgangskonstellation sollten dabei mit Fingern oder altmodischen Stiften Punkte lokalisiert werden – Vorstufen also der Cursorbewegungen, die im Rahmen ergonomischer Untersuchungen an die Stelle realer Körperteile und moderner Zeigegeräte getreten sind. Im Rahmen ebenso aufwendiger wie kleinmaschig angelegter Versuche fand man heraus, in welchem Verhältnis welche wie angeordneten Aufgaben zueinander stehen und wie sich die Zeitverhältnisse der jeweiligen Reaktionen formalisieren lassen.[8] Im Anschluss an »Fitts' Law« entstanden Anwendungen im Umfeld arbeitswissenschaftlicher Forschungen für die US Air Force, bei denen außerhalb der psychologischen Labors die Spezialinteressen der amerikanischen (Militär-)Fliegerausbildung sowie die Bedürfnisse der Flugsicherheit eine zentrale Rolle spielten.

Den Flaschenhals sehen oder dingfest machen zu wollen als Substrat, als organische Engstelle, als Nadelöhr des Gehirns ist eine Sache. Die andere ist seine Visualisierung als Modell, das von einer Redefigur abgeleitet ist. Zwischen beiden oszillierend, macht gerade die rhetorische Variante von sich reden, ausgerechnet in der Computerwissenschaft. Der Flaschenhals bringt nämlich nicht nur die Nöte und Engstirnigkeiten eines möglicherweise überforderten und daher beschränkten Menschen ans Licht, vielmehr vermag er der intellektuellen Befindlichkeit der Technik selbst Ausdruck zu verleihen. Oder anders gesagt: Erst auf dem Umweg über die Technik findet die Rede vom Flaschenhals ihren theoretisch begründeten Eingang in die Beschreibungssprache der *humanities*. Einem der Begründer der modernen Informatik, dem Amerikaner John Warner Backus (1924-2007), zufolge veranschaulicht die Metaphorik des *bottleneck* nicht weniger als die Möglichkeitsbedingung und zugleich das Grundproblem eines maßgeblichen Typs von Datenverarbeitung – ihren technisch bedingten Hang zur Serialität. Anlass dieser Überlegungen sind Rechner mit der dreigeteilten und nach dem Mathematiker John von Neumann (1903-1958) benannten John-von-Neumann-Architektur, bestehend aus einer Steuereinheit, einem Speicher und einer arithmetischen Recheneinheit. Die Abarbeitung der binär codierten und im selben Speicher wie die verwendeten Daten vorliegenden Befehle erfolgt dabei streng seriell – und das um den Preis von Engpässen.[9]

Beschrieben wird dieser für die moderne Rechnerentwicklung maßgebliche Typ in dem Aufsatz »First draft of a report on the EDVAC«.[10] Dieser Entwurf aus dem Jahr 1945 war zunächst als internes Selbstverständigungspapier für eine Gruppe von Wissenschaftlern gedacht, die am EDVAC (Electronic Discrete Variable Automatic Computer), dem Nachfolgemodell des ersten Röhrencomputers ENIAC (Electronic Numerical Integrator and Computer), arbeiteten. Über diese Gründungsmythen der Informatik gäbe es viel zu erzählen – von der Verflechtung mit militä-

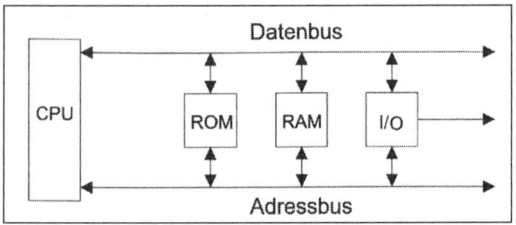

Abb. 13: John-von-Neumann-Architektur nach Dietmar P. F. Möller (Berlin: Springer 2003, S. 196).

rischen Anliegen (ballistische Berechnungen im Fall des ENIAC; Berechnungen von Wasserstoffbomben im Fall des EDVAC) bis hin zu jener gender-typischen Besonderheit der den Rechner bedienenden und auch eigens so benannten »ENIAC-Girls«.[11] Über interne Kreise gelangte das zunächst unveröffentlichte Manuskript jedenfalls schnell in die wissenschaftliche Öffentlichkeit und ob seiner Grundsätzlichkeit zu ungeahntem Ruhm. Das dort vorgestellte Modell verpflichtet die Datenverarbeitung auf das Prinzip eines schieren Nacheinanders, aufgrund dessen sich im Flaschenhals Verarbeitungsprozesse stauen, was wiederum zu Verzögerungen führt. Folgt man der späteren Rechner-Klassifikation durch den amerikanischen Computer-Ingenieur Michael J. Flynn, so wird die John-von-Neumann-Architektur durch vier Buchstaben SISD (Single Instruction Single Data) taxonomisch auf das Prinzip strenger Serialität verpflichtet – im Gegensatz zu Architekturen, die das Zusammenspiel von Instruktionen nach der logischen Kombinatorik von Einheit und Vielheit verarbeiten: M(ultiple) I(nstruction) S(ingle) D(ata), S(ingel) I(nstruction) M(ultiple) D(ata) oder M(ultiple) I(instruction) M(ultiple) D(ata)).

Backus wurde im Jahr 1977 mit dem renommierten ACM Turing Award ausgezeichnet, vor allem wegen seiner Bemühungen um alternative Programmierhochsprachen, für deren Ausrichtung er den funktionalen Programmierstil empfahl und für die er in der Rede zur Preisverleihung mit dem Vorschlag für ein FP-System (Functional Programming System) warb. Das Nadelöhr, immerhin Markenzeichen einer maßgeblichen Computerarchitektur, war ihm ein Dorn im Auge, für den er in seiner ACM-Turing-Award-Lecture die Formulierung »John-von-Neumann-Bottleneck« prägte. Mit dieser war ein Bild in die Welt gesetzt, dessen Lesarten zwischen wörtlichen und übertragenen Verwendungsweisen oszillierten.

»Es muss einfach eine weniger primitive Weise geben, um die Speicherverwaltung substanziell voranzubringen, als große Mengen von Wörtern in beide Richtungen durch den Von-Neumann-Flaschenhals zu prozessieren. Dieser Engpass ist nicht nur im eigentlichen Sinne ein Flaschenhals; vielmehr ist es ein intellektueller Flaschenhals, der unser Denken darauf verpflichtet, nach der Logik ein Wort in einer Zeiteinheit vorzugehen, anstatt es zu ermutigen, vorhandene Aufgaben nach Maßgabe größerer konzeptueller Einheiten anzugehen. Programmieren bedeutet daher vor allem, den enormen Durchsatz von Wörtern durch den Flaschenhals zu planen und einzeln auszuführen, wobei ein Großteil dieses Datenverkehrs nicht die signifikanten Daten selbst betrifft, sondern ihren Fundort.«[12]

Deutlicher als die Redefigur des Flaschenhalses selbst markiert ihre Verwendung ein grundlegendes intellektuelles Problem für die Zukunft der Datenverarbeitung, und bei Backus hat das vor allem Folgen für die Ausgestaltung künftiger Programmiersprachen und -stile. Diese waren so sehr auf die John-von-Neumann-Architektur ausgerichtet, dass ihre Resultate, also konventionelle

Programmiersprachen, im Verlauf einer zwanzigjährigen Entwicklung zunehmend schwerfälliger und ineffizient wurden. Von *obesity* und Schwäche ist die Rede, auch davon, dass die Vormachtstellung John von Neumanns für unnötige Verwirrung darüber gesorgt hätte, was Programme überhaupt sind und wie sie funktionieren. Wo die wörtliche Lesart des Flaschenhalses lediglich eine technische Besonderheit verdeutlicht, die eine Suche nach alternativen Rechnerarchitekturen freisetzt, fördert die übertragene Verwendungsweise jenes Phänomen an den Tag, das schon die ganze Zeit im Zentrum dieses Versuches stand. Backus' Ausführungen über die Folgen für die Programmierung nehmen diese Gewichtung selbst vor und weisen das intellektuelle Problem des Flaschenhalses als bedeutender aus – verglichen mit der Organisation des Datenflusses in John-von-Neumann-Rechnern. Es verpflichtet und beschränkt den Menschen auf kleine zu prozessierende Einheiten und enthält ihm größere, konzeptuelle Einheiten vor, auf denen die Effizienz alternativer Programmiersprachen beruht. Was sich hier verdichtet, ist die Entmutigung angesichts solcher Konzepte und die Kettung an ein Prinzip der Serialität, das seinen Geltungsbereich weit über die Belange der Informatik hinaus behauptet.

Mit der Befundlage einer anthropologisierenden Metapher, die ihr Maß immer schon am menschlichen Hals genommen hat, und ihrer Übertragung auf die intellektuellen Problemlagen einer technischen Datenverarbeitung ist die Suche nach Optimierungen, nach alternativen Architekturen und Programmierstilen eröffnet. Folgerichtig und titelgebend kann Backus seine Dankesrede der Frage widmen, ob und wenn ja, wie die Programmierung digitaler Rechner vom Diktat des Neumann-Stils befreit werden kann. Das mündet konsequent in die Suche nach Alternativen, die ihr Telos in Strategien der Parallelverarbeitung, des Timesharing, des Multi-Threading, der Neben- oder Mehrläufigkeit und eben des Multitasking haben. Dieser Befund hat zwei Stoßrichtungen: Zum einen weist er dorthin, wo die Optimierungsbemühungen der Informatik selbst liegen; zum anderen verweist er in die Psychologie, die ebenfalls den »Flaschenhals« bemüht, um Sachdienlichkeit oder Unsachgemäßheit parallel distribuierter Prozesse zu verhandeln. Diese Entwicklung ist nicht nur für die Anstrengungen innerhalb der Informatik kennzeichnend. In einem Überschlag auf die Belange etwa der menschlichen Wahrnehmung und der Kognition werden zunehmend ähnliche Strategien der Dezentralisierung und der Vernetzung eingesetzt. Im Umfeld des sogenannten Konnektionismus machte dabei in den achtziger Jahren ein Forschungsansatz unter dem Kürzel PDP (Parallel Distributed Processing) von sich reden, der mittels der Computersimulation neuronaler Netze die menschliche Gestaltwahrnehmung bei der Buchstabenerkennung nachbilden und deren Mechanismen verstehen wollte. Die Arbeiten der beiden amerikanischen Psychologen David E. Rumelhart und James L. McClelland sind hier wegweisend.[13] War in den alten Ordnungen das Verhältnis von Mensch und Technik in einem Wettbewerb wechselseitigen Maßnehmens verspannt, eröffnen solche Ansätze Optionen, die im Gegensatz zu den numerischen Bezugnahmen qualitative Momente stark machen.

Da die gefakten Leukoplast-Verklebungen lediglich zur Veranschaulichung der Multitasking-Fähigkeiten des iPads taugen, für reale Datenleitungen allerdings denkbar ungeeignet sind, müssen technische Lösungen her. Die Ansätze, die sich innerhalb der Informatik mit dem Umgehen vermeintlicher oder realer Engpässe beschäftigen, sind vielfältig. Neben der Konstruktion von Parallelrechnern, bei denen eine größere Zahl in sich funktionsfähiger Rechner miteinander verschaltet und in ihrer Rechenleistung potenziert wird, geht es dabei vor allem um Strategien der optimalen Zeitausnutzung. Die Rede ist vom Mehrprozessbetrieb, bei dem Aspekte wie Auslastung und Timesharing im Mittelpunkt stehen. Dreh- und Angelpunkt bei solchen Verwendungsweisen ist die Rückkehr zu einem bestimmten Task – was eine besondere Organisation der Speicherverwaltung nötig macht. Handbücher der Informatik verwenden in diesem Zusammenhang den Begriff Dispatcher, der für die Gewährleistung der Rückkehr und damit für die Synchronisierung der Tasks zuständig ist. Dazu müssen im Fall einer Unterbrechung Zwischenergebnisse eingefroren und für einen späteren Zeitpunkt zur Verfügung gestellt werden, damit nach Unterbrechungsende die verlustfreie Fortführung des Tasks an der unterbrochenen Stelle sichergestellt ist. Wie aber nimmt sich das in der Beschreibungssprache der Informatik selbst aus? Im Vorwort seines Buches *Multitasking. Grundlagen. Betriebssystem-Kern-Funktionen für INTEL-Prozessoren. Parallele Programmierung. Realzeit-System* betont Klaus-Dieter Thies, das Ziel der Parallelverarbeitung bestehe darin, zu gewährleisten, dass parallele Programme *sicher* und *lebendig* ablaufen.[14] Während Sicherheit meint, dass die Prozesse ohne Verluste vonstattengehen, führt die ungewohnte Rede von der Lebendigkeit einen Aspekt der Gleichberechtigung ein – die Tasks sollten ebenbürtig verteilt sein. Wichtig für die Umsetzung solcher Gerechtigkeit ist das sogenannte Task-Management, bei dem ein Scheduler (Ablaufsteuerer) und besagter Dispatcher (schneller Erlediger) das Sagen haben.[15] Die zur Verfügung stehende Rechenzeit einer CPU wird durch diese Agenten nach einer Evaluation von Prioritäten zugeteilt. Damit werden Vorstellungen aus der Arbeitswelt bemüht, um die Logistik der Aufgabenverteilung in Gestalt von Dispatcher und Scheduler zu verkörpern.

Die Beschreibungssprache ist in einer Weise dem Anthropologischen verpflichtet, dass neben solchen Formulierungen aus modernen Betriebswirtschaftslehren sogar die Tiefenschichten sozialer Organisation belangt werden: Diese umfassen wie in einer Zivilisierungsgeschichte sozialer Beziehungen die Welt der Diener – ein Aspekt, auf den unlängst Markus Krajewski hingewiesen und damit die Frage aufgeworfen hat, ob die Rechner (und ihre auf Dienstverhältnisse begründete Betriebsamkeit) Freizeit haben und wenn ja, wie sie diese verbringen. Wenn so viele Prozesse gleichzeitig, nebenläufig oder eben im Hintergrund ablaufen, was tun die Maschinen oder Computer, wenn sie nicht ausgelastet sind, was geschieht in ihrer *idle time* – beschäftigen sie sich fremd, verharren sie im Zustand des Leerlaufes?[16] Es sind allerdings nicht nur Diener, die in der Sozialwelt des Computers Zuständigkeiten und Machtverhältnisse verkörpern, auch archaische Vorstellungen von *master* und *slave* lassen sich dort finden. Damit sind Anordnungen bezeichnet, die in technischen Mehrprozessor-Lehren Organisationsweisen beschreiben, die auf sehr grundsätzliche Weise Verhältnissen der Macht, der Über- und Unterordnung Rechnung tragen. Begleitet wird das Ganze durch Theorien – die der Parallelisierung von Aufgaben, genauer noch: deren Formalisierung gelten beispielsweise wie in den Gesetzen von Gene Amdahl und John Gustafson. Das Amdahl'sche Gesetz, formuliert 1967, ist ein Modell, das den Grad der Beschleunigung von Aufgaben durch Parallelverarbeitung angibt – ein Aspekt, der wiederum in der Betriebswirtschaft Anwendung findet, etwa in der Operation Research. Das Modell von Gustafson verfeinert das von Amdahl und fragt nach dem Verhältnis von Problemgröße, Parallelverarbeitung und den dabei zu erzielenden Speed-up-Raten. Mit der Beschleunigung ist auch die Motivation für die Auseinandersetzung mit der Parallelverarbeitung auf den Punkt gebracht, die in einem anderen Sachbuch zum Ausdruck kommt. Thomas Rauber und Gudula Rünger versehen ihr Buch *Parallele Programmierung* mit einer Einleitung, die das Telos der Parallelprogrammierung mit nachgerade rechengeschichtsphilosophischen Dimensionen versieht. Vor allem die Anwendungen im Rahmen von Simulationsprogrammen (egal ob für Wetter, Verkehr, Reaktorsicherheit oder was auch immer) zeichnen für die ständig steigende Nachfrage nach gesteigerter Rechenleistung verantwortlich und treiben die Sorge um parallele Verarbeitungstechniken voran. Derlei Leistungssteigerung – ob sie nun über eigens entworfene Parallelrechner, über vernetzte Einzelrechner, über Multicore-Prozessoren oder über Strategien des Multi-Threading und Multitasking umgesetzt werden – ist gerade deswegen an die Simulation geknüpft, weil in deren Vollzug, so die Autoren, Komplexitäten auf Teilschritte zurückgeführt werden, deren Verarbeitung unabhängig voneinander und parallel erfolgen kann.[17]

Versucht man, die Diskussion in der Informatik auf das Anliegen, den Anlass und den Auslöser dieses Buches rückzubeziehen, so läuft das Ganze zunehmend auf die Preisgabe einer zentralen Steuerungsexekutive hinaus. Die Identität jenes einen Steuermännchens, das souverän im Kopf die Strippen zieht und auf dessen paradoxen Status Klingberg hingewiesen hat, ist ein veranschaulichungstechnischer Atavismus. Stattdessen wird verteilt, wird verwiesen, werden Teilschritte autonom von selbsttätig agierenden Funktionseinheiten ausgeführt. Das eröffnet neue Bühnen, neue Schauplätze und neue Teilagentenräume. Die Folge sind Schauplätze der Mehr- oder Nebenläufigkeit – so der Terminus aus der Rechentechnik –, die durch die Angabe von Lagewörtern organisiert und topografisch verortet werden. In der Matrix der Ortsangaben, im Über, Unter, Neben verschafft sich aber nicht nur die Ordnung der Rechentechnik, sondern auch

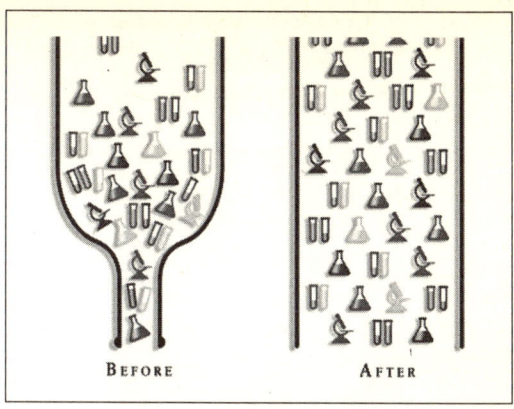

Abb. 14: Grafische Darstellung des *bottleneck*-Problems in der Datenverarbeitung als Illustration der Funktionsweise der Software Amplify SmartManager, entwickelt von der Firma LabCentrix. Das Programm soll die Effizienz von Laborcomputern erhöhen.

die der Seelenwissenschaften Geltung. Dieser räumlichen Organisation ist etwa die Topik der Psychoanalyse geschuldet, die theoriegeschichtlich wohl ihr manifester Ausdruck ist; ihr folgt eine Armada von Verwendungsweisen jenes Unbewussten, das – außerhalb der Psychoanalyse – nicht nur den Latenzen ödipaler Konflikte einen Platz zuweist, sondern die zum Dreh- und Angelpunkt aller nur denkbaren Beschleunigungs-, Optimierungs-, und Effizienzsteigerungsbestrebungen hat werden können. In der Topografie der Lagewörter hat sich eine bestimmte Vorstellung von Identität verloren – oder anders, weil positiv gesprochen: Hier finden Selbstpotenzierungsfantasien sowie deren Umsetzungen, Semantiken und Bildgebungen ihren diskursiven Ort.

Abb. 15: Krake als Symbol in Fachbüchern der Informatik: Umschlag von Klaus-Dieter Thies' Buch *Multitasking* (München/Wien: Hanser 1994).

Wie im Fall der mehrgliedrigen Wesenheiten, die zu Beginn dieses Buches vorgestellt wurden, hilft auch an dieser Stelle eine performativ stimmige Bildgebung weiter – nicht zuletzt, weil sie ausgerechnet für die Obliegenheiten von Betriebssystemen und die Beschreibung bestimmter Prozessorentypen auf eine Natur zurückgreift, genauer noch ein Bild dieser Natur bemüht, das für die Bildgebungsbemühungen typischer nicht sein könnte: Die Rede ist vom Polypen, von jenem in Fragen der Identität so überaus bemerkenswerten Tier.[18] In dessen Wissensgeschichte wird mit der Selbstvervielfältigung und Selbstregeneration zum Beispiel die Frage virulent, wer die Koordination der vielen Glieder verantwortet. Erfolgt sie autonom? Gibt es eine zentrale Poly-

Abb. 16: Hydra bzw. siebenköpfige Schlange aus Conrad Gesners *Historia animalium* (1587).

pen-Steuereinheit? Und nicht zuletzt: Was bedeutet es für Konzepte von seelischer Kohärenz und Geschlossenheit, wenn sich die Körper dieser Tiere über alle Gebühr vermannigfaltigen? Oder (um einen historischen Bezug zu bemühen) was bedeutet es, wenn aus Einheit Vielheit und aus Vielheit Einheit wird, wie es in einer maßgeblichen Teilgeschichte der Polypenforschung nachzulesen ist, nämlich in Abraham Trembleys Untersuchungen an Süßwasserpolypen aus den dreißiger Jahren des 18. Jahrhunderts. Was der Polyp uns lehrt, ist die Fähigkeit des Tieres, aus einem zwei und aus zweien eines hervorgehen zu lassen.[19]

Was anlässlich des Polypen verhandelt wird, sind Lehrstunden in Sachen Einheit und Vielheit einer Natur, die so lebendig sein soll wie die Beschreibungen in der Informatik, Lehrstunden, deren Anschaulichkeit sowie phantasmatischer Gehalt von reinen Denkveranstaltungen in Philosophie oder Theologie, in Anthropologie oder Psychologie nur schwerlich erreicht werden. Wie wenig sich dieses Potenzial der altertümlichen Hydra überlebt hat, zeigt eine Website, die aussagekräftiger nicht sein könnte. Ein amerikanischer Computerforscher beschreibt dort unter dem Titel »Harder, better, faster, stronger. Explorations in better, faster, stronger code«, wie er durch Verschaltung mehrerer Recheneinheiten (es handelt sich um acht Pentium-III-Prozessoren mit einer Taktrate von 500 MHz, die in ein MDF-Gestell verbaut wurden) eine in ihrer Kapazität potenzierte Einheit schafft, mithilfe welcher Vorrichtungen er dies tut und welche Kosten dabei anfallen. Er veranschaulicht das ohne weiteren Kommentar mit dem Bild einer Hydra – der natürlichen Realisierung dessen, was es als Problem bastlerisch zu lösen gilt.[20] Leukoplastbänder, die vier iPads verkleben, eine technische Verbundschaltung unter dem Kürzel CFM-0, bestehend aus acht handelsüblichen Prozessoren, deren Verschraubungsmaterialien (*threaded rods*) für wenig Geld in Hardware-Läden zu haben sind, und ein Tier, das als Wissensfigur die Bedürfnisse von PC-Schraubern und Computerbuchschreibern auf einen gemeinsamen Nenner bringt, kommentieren sich und auf je ihre Weise wechselseitig. Was zur Vervollständigung dieser Geschichte fehlt, was ihre ultimative Pointe ausmacht, ist die Übertragung auf den Menschen. Und von dieser handelt eine letzte Episode – scheinbar lange vergangen und dennoch für das Anliegen dieser Schilderung von großer Relevanz. Was in dieser Episode fantasiert wird, verdichtet das Phantasma der Moderne in kaum überbietbarer Prägnanz: Um parallel verarbeiten zu können, bedarf es Einheiten, die auch Vielheiten sein können. Was der Informatik durch Verschaltung mehrerer Verarbeitungseinheiten (sei es durch reale Verschraubungen oder nur durch eine symbolische Umsetzung mittels Leukoplastbändern) gelingt, stößt im Fall des Menschen auf Schwierigkeiten. Diese lassen sich nun einmal schlecht zerlegen, es sei denn, sie tun es selbst. Damit ist der Leitspruch *Teile und herrsche!* aufgerufen, der in der Tradition chinesischer Kriegsführung und frühneuzeitlicher Fürstenspiegel den Imperativ des Multitasking mustergültig verkörpert.

7 Divide, impera!

Eine Konstellation aus dem historischen Segment um 1800, also dort, wo man gerne Großstadtferne, Unabgelenktheit und Identitätsnähe vermuten möchte, bringt sämtliche Versatzstücke der bisher erzählten Geschichte zusammen und wirbelt dabei scheinbar stabile Kategorien wie Natur und Kultur, Organismus und Technik, Humanismus und Transhumanismus in eindrucksvoller Form durcheinander. Sie hält dabei zugleich vor Augen, welche Vorteile das Durchschleifen unterschiedlicher und möglicherweise als marginal geltender Typen für die Analyse und die Phantasmatik gegenwärtiger Selbstbewirtschaftungsszenarien bringt – in einer Art Vor- und Ermöglichungsgeschichte des Multitasking. Damit jedenfalls wäre auch der methodische Einsatz des ganzen Unternehmens bezeichnet, dessen möglicherweise beliebig wirkenden Einzelfallgeschichten die Behauptung einer übergeordneten Figur in ihrer Ungebrochenheit bekräftigen. Was dort unter der Hand, weil zum Teil auf der vermeintlich unscheinbaren Ebene der Performanz von Wissenschaftsprosa verhandelt wird, würde den Kulturwissenschaften ein Arbeitsfeld, einen Geltungsbereich und eine Legitimität verschaffen, die in den leidigen Diskussionen um die zwei, drei oder noch mehr Kulturen verstellt bleibt und die umgekehrt dem oben skizzierten Programm einer Medienanthropologie sehr nahe käme.[1] Und weil für dieses Programm weder ausschließlich noch vorrangig der Grad technischer Umsetzung zählt, sondern weil es gleichermaßen die Rolle von Phantasmatiken und Gedankenspielen, von Bedrohungsszenarien und Wunschvorstellungen, von bloßen Beschreibungen neuer Möglichkeiten und den normativen Forderungen nach deren Umsetzung in jenes Tableau zu integrieren hat, von dem eingangs die Rede war, so wird im Vorfeld des Multitasking das Interesse auf Planspiele und Allmachtsfantasien gerichtet, die sich im historischen Beispiel nicht oder noch nicht der heutigen Transgenetik, ausgefeilten Ingenieurskünsten oder energiepolitischen Kollateralschäden verdanken, sondern einer Sichtung dessen, was eine genetisch noch nicht manipulierte Natur von sich aus an natürlichen Möglichkeiten bereit hält. Dass diese in ihrem Potenzial den Möglichkeitsraum der Moderne kaum übersteigt, ist einmal mehr Beleg für die historische Valenz der entsprechenden und hier verfolgten Figur. Wieder artikuliert sich der Wille zur Selbstgeltung, wieder ist es um die Zahlenspiele der Selbstvervielfältigung und eine Ökonomie der Spaltung zu tun. Aber worum geht es? Und warum meint der Schreiber dieser Zeilen, dem Leser schon wieder einen historischen Rückgriff zumuten zu müssen?

Im Jahr 1812 erscheint ein Buch mit dem eigenwilligen Titel *Beyträge zur Physiognosie und Eautognosie, für Freunde der Naturforschung auf dem Erfahrungswege*. Autor dieser diffusen, sowohl der Natur- als auch der Selbsterkenntnis gewidmeten Textsammlung ist Franz von Paula Gruithuisen (1774-1852), ein Physiologe und Hobbyastronom, den der Schriftsteller Arno Schmidt in einem Essay mit dem Titel »Kreisschlösser« als quijotisch-ingeniösen Mannes charakterisiert und damit als Typ vom Schlage des zeichen- und postpferdebesorgten Wolke ausweist.[2] Derlei Bezeichnungen sind immer verdächtig und vor allem für eines gut, für die Annahme nämlich, dass man die Betreffenden nicht wahr und noch weniger ernst zu nehmen braucht. So geschehen auch im Fall Gruithuisens. Zieht man einschlägige Quellen zu Rate, scheint von seinen Forschungsergebnissen lediglich ein Verfahren in der Urologie Bestand gehabt zu haben, das der Zertrümmerung von Harnsteinen gilt. Ansonsten glitzern Mond und Sterne, vor allem dort, wo Gruithuisen als Astronom in Erscheinung tritt und über den Erdtrabanten nebst seinen Bewohnern nicht nur en détail berichtet, indem er die von ihm mittels Oberflächenautopsie beobachteten Spuren auf die Struktur ihres Verkehrswesens und ihrer Wohnformen hochrechnet, sondern indem er aus den selenitischen Gegebenheiten gleich noch Pläne für eine mögliche Kontaktaufnahme von der Erde aus ableitet.[3] Das Zeichenrepertoire der Seleniten lässt auf deren Vertrautheit mit der Geometrie schließen, was Gruithuisen zu der Mutmaßung veranlasst, die Formalismen der Mathematik seien für die Kommunikation mit den Außerirdischen besonders vielversprechend – SETI (Search for Extraterrestrial Intelligence) um 1800. Mit riesigen Steckrübenfeldern, angelegt gemäß dem pythagoreischen Lehrsatz, für deren Anpflanzung er die Weiten Russlands in Erwägung zieht, will er den Kontakt anbahnen. Aber es soll hier nicht um seine Beiträge zu einer Theorie der Kommunikation mit Außerirdischen gehen. Aliens aller Art gibt es für ihn schließlich auch auf der Erde, darunter solche, die im Zeichen von Spaltung und Ökonomie und daher für ihn jedenfalls im Zeichen früher Parallelverarbeitung stehen.

Ein Text aus Gruithuisens bunter Sammlung heißt schlicht »Ueber die Zertheilbarkeit des Ich's im Menschen«, führt also die Vervielfältigung als Option im Titel.[4] Während andernorts und häufig unter sehr ähnlicher Titelgebung derlei Teilung pathologische Züge annimmt und stracks den Weg in den disziplinär dafür zuständigen Wahnsinn weist, beschwört Gruithuisen im Namen des Nicht-Identischen gerade das Identische und die Fähigkeit zur Selbstteilung als die ganz besondere Leistung des individualisierten Menschen – Multitasking *avant la lettre*. Der Text aus dem zugegebenermaßen weit entfernen Jahr 1812 beginnt zunächst nüchtern mit der Beschreibung einer programmatischen

Vermögensteilung, angesichts derer Gruithuisen dann allerdings doch zunehmend ins Schwärmen gerät. Vor allem jener Moment der *Correspondenz* hat es ihm angetan, mittels derer einzelne Tasks koordiniert werden können. Das Problem ist für Gruithuisen natürlich implementiert und seitens der Natur mit großer Akkuratesse gelöst. Im Fall des Menschen braucht es dazu keine grobschlächtigen Gewindestangen und Klebestreifen, vielmehr leistet dessen körperliche Organisation selbst dem Parallelbetrieb Vorschub. Weil der sprachliche Duktus die Paraphrase verbietet, soll in diesem zitatarmen Text wenigstens der verschollene Physiologe und Mondforscher wörtlich zu Wort kommen dürfen. »Es wird im Menschen«, so schreibt er, »bey vielen Gelegenheiten eine Art von Zertheilung desjenigen Vermögens, auf Affizirung von Außen ganz und zweckmäßig thätig zu seyn, wahrgenommen; doch so, daß die Theile des so zertheilten Ichs dabey dennoch miteinander in genauer Correspondenz stehen.«[5]

Um dieser Einschätzung den Anschein des Widersinnigen zu nehmen, verweist er auf zahlreiche Gelegenheiten, bei denen die Zerteilung fernab aller uneigentlichen Rede räumlich und organisch manifest wird. Das führt ihn flugs in die Welt körperlicher Anomalien, zu in der einschlägigen Literatur belegten Schilderungen von Monstren, von siamesischen Zwillingen, von Kindern mit zwei Köpfen und zu anderen Vielgliedrigkeiten bei Mensch und Tier. Gruithuisen schwelgt in der Fülle solcher aus vielfältigen schriftlichen Quellen zusammengetragenen Fallgeschichten und gibt sich Sensationsgelüsten hin – etwa anlässlich der Beschreibung eines Mannes, bei dem der Oberleib gedoppelt ist, während Becken und Füße einfach bemessen sind. Die körperliche Tiefe des Schismas im wörtlichsten aller nur denkbaren Sinne entscheidet in diesem Fall zugleich über die Höhe seines Intellekts. Nach einer eigenwilligen Logik organischer Verfasstheit kann es bei dem Mann aus Schottland mit dem Verstand nicht allzu weit her sein, setzt doch die Spaltung zu tief im Körper an. Was bis in die Haarspitzen ausgereizt wird, ist das Moment der Aushandlung von Vorgängen und Befindlichkeiten, die den gemeinsamen Körper betreffen. Die Kleingruppendynamik der Parteigänger ist mitsamt ihren kommunikativen Akten nicht frei von Komik. Geschildert werden Beratschlagungen darüber, wie welche gemeinsamen Dinge zu beginnen und wie sie auszuführen sind. Am vermeintlichen Ort der Identität herrschen Uneinigkeit, Streit und Zank.

»Es ist Schade, daß im Buche de rebus Scoticis (von Buchanan) vom Manne mit zwey Oberleibern und nur einem Becken und zwey Füßen, welcher 1490 in Schottland gebohren wurde und den Johannes der Vierte zur Musik sehr gut abrichten ließ, über dessen Verstand so wenig gesagt ist, und nur dieses erhellet, daß die beyden Oberleiber über den gemeinschaftlichen Hüften (welche wahrscheinlich auch nur ein Heiligenbein miteinander hatten) manchmal sich über ein Beginnen berathschlagten, oft aber auch uneinig wurden. An den Hüften und Füßen hatten sie jede Empfindung gemeinschaftlich: ein Zeichen, daß das Rückenmark, oder dessen Roßschweif wenigstens, in Gemeinschaft waren. Sehr stark mochte der Verstand bey diesem Monstrum nicht gewesen seyn, weil die Trennung der Rümpfe schon zu tief unten sich befand. […]

Mehr noch spaltet sich das Ich zweyer zusammengewachsener Individuen, wenn sie nur einzelne Organe miteinander gemein haben, z. B. jenes bekannte zusammengewachsene Ungarische Mädchenpaar, bey welchem der Mastdarm in einem Kanal zusammen lief, durch den sie zwar den Drang zum Stuhl zugleich fühlten, nicht aber den Drang zum Uriniren, weswegen sie sich in der Jugend oft zankten.«[6]

Gruithuisens kurios wirkender Drang zu derlei Kasuistik erschöpft sich allerdings nicht, wie man auf den ersten Blick vielleicht meinen könnte, in der bloßen Schilderung solcher Merkwürdigkeiten. Theoretisch relevant und nachgerade intrikat wird die ganze Sache dort, wo Gruithuisen zu einem weiteren Vergleich anhebt und mit diesem die Kulturtechnik des Gedächtnisses ins Boot holt. Damit wirft er jene Frage auf, die, wie oben schon erwähnt, im Jahr 2009 mit Richard David Prechts Buch *Wer bin ich – und wenn ja, wie viele?* die Bestsellerlisten anführt und Sprechakte ermöglicht, die sich wie veritable Verwirrspiele der Identität ausnehmen. So war vor geraumer Zeit auf Tankvorrichtungen, gut sichtbar auf Deutschlands Feldern (und nicht in den Weiten Russlands) platziert, der Satz »Ich bin zwei Öltanks« zu lesen – ein nachgerade genialer Werbecoup der Haase GFK-Technik GmbH, einer im sächsischen Großröhrsdorf ansässigen Firma für Tankanlagen, mit dem das doppelte Fassungsvermögen ihrer Produkte auf den Punkt gebracht und zugleich einigermaßen hintersinnig diverse Zählspiele von welchen Identitäten auch immer angestoßen wurden. Überträgt man die Ökonomie der Öltanks, zahlenmäßig stärker ins Gewicht zu fallen als eben nur einer, auf die Belange des Menschen, so ist man im Zentrum moderner wie gegenwärtiger Selbstbewirtschaftungsphantasmen angekommen und damit beim Multitasking als deren operativer Umsetzungsstrategie.

Was zwischen und nach Schilderung aller nur denkbaren Einzelgeschichten bei Gruithuisen nämlich erfolgt, ist der Übertrag auf den Menschen und dessen Verpflichtung auf eine Flexibilität, die dann auf einmal nicht mehr länger im Register der Natur, sondern in dem der Kultur verhandelt wird. Dieser Moment der Übertragung ist zentral, bringt er doch jene bunte Schar in Position, deren unterschiedliche Typen sich um die Belange des Mul-

Abb. 17: Werbeslogan der Firma
Haase GFK-Technik GmbH (2011/12).

titasking zusammenschließen werden. Ob im Gelingen wie bei den magischen Schaustellungen Harry Kahnes oder im Scheitern anlässlich der Überforderungen im Büroalltag Lottas, ob in der künstlerischen Performance bei Lars Siltberg oder in der Kapitulation eines amerikanischen Vaters vor dem allmächtigen Gender-Topos – ein kulturtechnisch informierter Blick verweist derlei Exempel an eine Frühgeschichte entsprechender Begabungen. »Aus ähnlichen Beispielen sieht man«, so Gruithuisens einleitender Befund, »daß die Natur durch solche Evolutionen und Involutionen doppelt lebender Wesen sich noch immer äußerst flexibel verhält. Warum sollte sie es bey einfachen Menschen nicht auch vermögen?«[7] Noch immer verhält sich die Natur also flexibel – eine Einschätzung, geäußert zu Beginn jenes Jahrhunderts, das mit Darwins Evolutionslehre eine der wirkmächtigsten Theorien überhaupt auf den Weg bringen sollte, um derlei Flexibilitäten ein Ziel zu geben – von der soziologischen Karriere dieses Begriffes gegen Ende des 20. Jahrhunderts gar nicht erst zu reden.[8] Diese Natur malt Gruithuisen in den Farben einer Flexibilität, die auch die menschlichen Fähigkeiten betreffen können. Ausgehend von organischen Gegebenheiten, und im Anschluss an die exzessive Sichtung natürlicher Monstrositäten, spekuliert der Physiologe über die künstliche Potenzierung des menschlichen Geistes und verfällt zu deren Beschreibung ausgerechnet auf eine alte Kulturtechnik, deren Beachtung (und nicht deren Anwendung – die abseits irgendwelcher Schaustellungen oder Gedächtnisolympiaden höchstens die Verfasser von Optimierungsratgebern interessiert) hier schon die ganze Zeit über untergründig das Wort geredet wird.

»Sollten nicht in Hinsicht auf innere Einrichtung des Nervensystemes eine ähnliche doppelte Beschaffenheit jene Gedächtnißkünstler haben, die nicht selten ohne künstliche mnemonische Anweisung beynahe Wunder thun; konnten hierin zwey Personen in Einer nicht mehr leisten als Eine? Wahrhaft, es scheint, daß die Natur durch solche Evolutionen einen neuen Weg einst finden wird, den Verstand des Menschen zu potenziren; denn ihrer Zwey und Drey in Einem können mehr lernen, und als Lehrer durch ihre Einheit des Gelernten mehr leisten als zehn tausend Gelehrte: denn wie oft hat nicht schon Einer tausend Andere seines Fachs weit übertroffen. Sollte ein Solcher nicht als doppelt angesehen werden dürfen?«[9]

Einer rhetorischen Frage gelingt der Spagat zwischen Natur und Kultur – und, ja, selbstredend kann ein solcher Mensch wie im Fall der Öltanks oder der achtbeinigen Doppelhasen als doppelt gelten. Es ist die gleichermaßen uneingestandene wie unausgeschriebene Pointe von Gruithuisens Gedankengang, dass die Mnemonik, also die alte Kunst des Auswendiglernens, zur Veranschaulichung natürlicher Gegebenheiten führt und dass gerade durch den Bezug auf eine Kulturtechnik die besondere Effizienz einer natürlichen Organisation sichtbar werden soll. Flankiert wird dieses Anliegen von einer Beispielsammlung natürlicher Vervielfältigungen, von Tieren mit doppelten Köpfen oder Lebewesen mit doppelter Organbestückung. Und weil ihn, wie im Fall seiner menschlichen Monstren (aber auch wie im Fall der eingangs erwähnten Multitasking-Karikaturen in ihrer strategischen Vielgliedrigkeit), natürlich die Steuerungsszenarien interessieren, also die Frage, wer im Körper nun die Oberhand und damit das Sagen hat, kommt er nicht umhin, auf eigene Forschungsaktivitäten auf diesem Feld hinzuweisen – etwa auf seine eigenhändig vorgenommenen Enthauptungen von Fröschen, Truthähnen, einer Ente und einem Igel sowie auf seine düstere Abhandlung *Ueber die Existenz der Empfindung in den Köpfen und Rümpfen der Geköpften und von der Art, sich darüber zu belehren.*[10] Unbeschadet der Natur können endlich Kulturtechniken und damit strickende Frauen mitsamt den Freuden der Handarbeit sowie werkelnde Handwerker als Beleg für Multitasking angeführt werden. An allen Fronten und selbst an denen der goethezeitlichen Haushalte herrscht geglückte Potenzierung der Vermögen, herrscht eine Parallelverarbeitung, die ebenso unbewusst wie unablässig zu erfolgen hat und die im Zuge einer weiteren Topik dann knapp hundert Jahre später die Weihen ihrer Manifestation erhalten sollte – in den Arbeiten Freuds und der Psychoanalyse. Schauplätze der Nebenläufigkeit sind so eröffnet, für die es außer Stricknadeln und anderen Handarbeitswerkzeugen (noch) keiner weiteren Medien bedarf – sieht man, medientechnisch stimmig, von einer sommerlichen Buchlektüre und dem Ablenkungspotenzial einer angreifenden und daher abzuwehrenden Mücke einmal ab.

»Man gehe nur in die Werkstätte der Künstler und Handwerker. Diese Menschen unterhalten sich während ihrer Arbeit mit Gedanken an ihre Geliebte, mit Gesängen, mit Gesprächen, sie necken sich u.s.w. Das Frauenzimmer, welches strickt, näht, spinnt, stickt u. dergl. spricht dabey sehr klug mit Andern in ihrer Gesellschaft. Hier ist eine Kreuzung der Sinne, und es scheint, daß jene Sinnesaffektionen, welche hier doppelte Empfindungen zum Bewußtseyn steigern, sich gar nicht miteinander mischen, sondern nur harmonisch in einander eingreifen: z.B. ich habe zur Sommerszeit etwas Interessantes vorzulesen; während dessen sticht mich öfter eine Mücke in die Wade, die ich mit dem andern Fuße stets abzutreiben bemühet bin: hier sind offenbar zwey ganz voneinander, der Qualität nach, verschiedene und leicht unterscheidbare Funktionen, die alle durch einen besonderen Sinnesapparat verrichtet werden, wobey vielleicht selbst im Nervensystem zwey verschiedene Regionen dazu gebraucht werden.«[11]

Abkürzungen wie »u.s.w.« und »dergl.« entheben ihn weiterer Detailschilderungen und streichen die Vielfalt, damit das Grundlegende des Befundes umso deutlicher heraus. Die derart gezeichnete Welt der Parallelverarbeitung endet in einem ökonomischen Idyll praktischen Gelingens und unermüdlichen Tätigseins. Keine Lotta zeichnet sich am Horizont ab, und von irgendwelchen Aufmerksamkeitsdefizitsyndromen ist auch nicht die Rede – jedenfalls nicht bei Gruithuisen. Was das harmonische Ineinandergreifen sichtbar macht, betrifft ein Grundanliegen auch der technischen Parallelverarbeitung, die Frage nämlich, wie Ereignisse synchronisiert und wie zersplitterte Aktanten zu sinnvoll gemeinschaftlich handelnden Verbünden gefügt werden können – unter Vermeidung schnöder Klebestreifen oder trivialsoziologisch anmutender Gruppenbildungsprozesse.[12] Gruithuisens Szenarien sind der Pragmatik geschuldet und umgehen die immensen theologischen, philosophischen und sonstigen Überlegungen, die der Selbstteilung üblicherweise anhaften. Gerade die Diskussion um bestimmte Tiere und namentlich den Polypen hat die metaphysischen Kapriolen und die Tragweite solcher Organisationsformen eindrucksvoll vor Augen geführt. Zur Topik multipler Persönlichkeiten gehört daher neben ihrer Effizienz und neben der von Gruithuisen angeführten Harmonie zwischen den Instanzen zugleich auch ihre unendliche Gefährdung – ein Argument, das in der Historiografie der Gedächtniskunst immer wieder durchschimmert und das dort ebenso geläufig scheint wie in den aktuellen Diskussionen um Multitasking als neuer Verrücktheit.[13]

Was auf diese Weise nicht zuletzt auch im Durchgriff auf die Performanz von Gruithuisens kurzer Abhandlung sichtbar wird, sind die Resultate geglückter Selbstteilung: Das Phantasma, einer und doch mehrere sein zu können, ist umgesetzt; ein Phantasma, das grammatisch so unvorgesehen ist wie der werbetaugliche Befund von der doppelten Ich-Identität zweier Öltanks. Ein Mensch, der mehr zählt als eben nur eins, ist potenziert und gilt in seiner Vielheit als den mit sich identischen Anderen überlegen. Damit ist jenes Zauberland eines nicht psychoanalytisch, sondern leistungsmäßig zu belangenden Unbewussten eröffnet, das gerade die klassische Moderne kaum ein Dezennium später vielfältig zu besetzen und systematisch zu kolonialisieren wusste – vor allem an anwendungsbezogenen Nebenkriegsschauplätzen, dort also, wo es um die Optimierung von Bewegungen aller Art (von Arbeitsabläufen bis zum Sport) sowie um die Lenkung jedweder Fortbewegungsmittel zu Lande, zu Wasser und in der Luft zu tun ist, also an Brennpunkten wie Arbeitswissenschaft, Betriebswirtschaft oder kurz auf dem Gebiet, das die klassische Moderne als *scientific management* ausflaggt. Längst ist die Psychoanalyse anschließbar an die Bedürfnisse moderner Durchformungen und an deren wissenschaftliche Umsetzungen. Die bunte Anwendungsliste möglicher Nebenläufigkeiten in Gruithuisens Beispiel nimmt einen Topos vorweg, den die Moderne in einer Vielfalt von Bezügen und disziplinären Orten ausbuchstabieren wird. Fabrikorganisation und Psychotechnik, Musikpädagogik und Sport, Kraftfahrwesen und Boxen, Tanz und Industriearbeit – sie alle träumen den Traum einer Effizienz, die ein Effekt paralleler Verarbeitungsstrategien ist.[14] Überall dort, wo es effizient zur Sache gehen soll, bricht dieser Topos sich Bahn und mit ihm eine räumliche Topik des Unten, des Oben und des Neben – Neben- oder Mehrläufigkeiten eben, die mit ihren Lagewörtern die Schauplätze eines Unbewussten bereiten und topografisch organisieren, dem es nicht mehr nur um ödipale Phasen und frühkindliche Traumatisierungen zu tun ist. Der Imperativ des Teilens und Herrschens macht sein Recht geltend – hintersinnig in den Zahlenspielen der Identität und vordergründig in der Pragmatik jener Wissenschaften, die im Zerlegen komplexer Abläufe und Einheiten den Ansatzpunkt für deren Perfektionierung sehen. Seine emblematische Verdichtung findet er in »Therblig«, einem Katalog von technisch isolierten Basisbewegungen, benannt nach dem rückwärts gelesenen Nachnamen zweier der maßgeblichen Vertreter dieser Richtung, der Arbeitswissenschaftler Frank B. und Lillian Moller Gilbreth.[15]

Das Ende des vermeintlichen Mythos folgt jäh.[16] Der Traum von der Selbstoptimierung durch strategisch, weil kulturtechnisch induzierte Selbstteilung mag von den Betroffenen weiter geträumt werden, unbeschadet der Tatsache, dass er wissenschaftlich nicht und nur unzureichend gedeckt ist und die dort erhobenen Ergebnisse zunehmend ernüchternd ausfallen.[17] Menschen, die gleichzeitig mehrere Dinge tun, Gerätschaften bedienen, unterschiedliche Kommunikations- und Datenverarbeitungsmittel parallel betreiben, sind nicht nur die Karikaturen moderner Leistungsgesellschaften und Opfer allgegenwärtiger (und sehr buchstäblicher) Verzettelungen geworden, sie scheinen vor allem alles andere als effizient. Einmütig bescheiden gegenwärtig Psychologen und Kognitionswissenschaftler, Arbeitswissenschaftler und Managementtheoretiker, Multitasking führe keineswegs zu den gewünschten Vorteilen in Sachen Arbeits- und Selbstoptimierung. Ein feuilletonistischer Beitrag fasst die Befundlage zusammen, und seine Ergebnisse favorisieren die Serialität: Unter der Überschrift »Schön der Reihe nach statt Multitasking« ist dort etwa von der »›Zeitfalle‹ Multitasking« die Rede, »aufgrund einer Illusion« würden »Menschen täglich wertvolle Arbeitszeit und eine Menge Geld« verschwenden.[18] Eine im Artikel zitierte Studie von Neurowissenschaftlern der Vanderbilt University im amerikanischen Nashville bestätigt den unvermeidlichen Datenstau bei der Bearbeitung mehrerer Tasks und die Wirkmacht des *bottleneck* für die Beschreibung dessen, was im Gehirn stattfindet. Die Folgen sind verheerend und sie schließen noch einmal die unterschiedlichen Stränge zusammen, die sich anlässlich des Flaschenhalses haben formieren können. Befunde der Neurowissenschaft, ihrerseits bestens informiert über die Informationstheorie, können so an und in die Welt realer Ökonomie und ihrer Aktanten gelangen. Ausgerechnet die, die es wissen müssten, geraten auf den Prüfstand einer New Yorker Beratungsfirma namens Basex. Deren Geschäftsführer Jonathan Spira befragt amerikanische Manager nach ihren Arbeitsgewohnheiten und erstellt eine Bilanz, die der von Wolke nicht unähnlich ist. Im Verlauf eines Jahres schlagen Unterbrechungen, verursacht durch das ständige Wechseln der Tasks, mit stattlichen 28 Milliarden Arbeitsstunden zu Buche. Setzt man einen Durchschnittsstundenlohn von 21 Dollar an, so führt das, volkswirtschaftlich betrachtet, zu einem Schaden von stattlichen 588 Milliarden Dollar pro Jahr. Jene Obsession, die Christian Heinrich Wolke zu seinem Feldzug gegen einen einzelnen Buchstaben anstachelte, das elende Dehnzeichen H, ist mit den Bemühungen Spiras durchaus verwandt. Wie auf der Homepage der Information Overload Research Group zu lesen ist, als deren »Director and Vice President of Research« Spira fungiert, haben diese Bemühungen den Anschein des Verschrobenen längst verloren und erfreuen sich höchster Seriosität, wirtschaftlichen Erfolgs und wissenschaftlicher Aufmerksamkeit – »Reducing Information Pollution« lautet das hehre Ziel, das eine ganze Bandbreite von Menschen und Anliegen adressiert und auf Kurs zu bringen sucht.[19] Die Besinnung auf das Wesentliche wird ökonomisches Programm. Keine besorgten Lehrer und Gutmenschen aller Art, keine moralinsauren Kulturkritiker und Spaßverderber, sondern die Ökonomie selbst führt das Wort. Und sie tut das nicht, indem sie sich über die Nebenwege und Schleichpfade vermeintlich kauziger Spezialanliegen in den Diskurs mischt, sondern im Glanze einer institutionalisierten Sprecherposition, saturiert und anerkannt, geschätzt und nobilitiert.

Es kommt allerdings noch dicker. Nicht nur die reale Wirtschaft nimmt Schaden, auch für derart optimierte Individuen verheißt Multitasking nichts Gutes, fördert es doch einen schizoiden Denkstil und lässt mit dem Gedächtnis ausgerechnet jenes Vermögen verkümmern, dessen Pflege hier ein Stück weit rekonstruiert wurde – so weit jedenfalls, dass die Figur gesteigerter, weil sich selbst vervielfältigender Gestalten plausibilisiert werden konnte.[20] Ein neuer Wahnsinn und eine neue Verrücktheit machen sich breit, schlagen sich in Formeln und Aufsatztiteln wie dem folgenden nieder: »Constant, constant, multi-tasking craziness. Managing multiple working spheres«.[21] Während die Menschen hierzulande in den Feuilletondebatten als verzettelte und »von unerwünschten E-Mails« gestresste auftauchen, machen sich in Amerika Forscher an die disziplinäre Verortung

Abb. 18: Titelmotiv der Homepage des International Institute of Not Doing Much.

bloßer Störungen und proklamieren eine eigene Unterbrechungswissenschaft (*interruption science*).[22] Nur am Rande sei schließlich noch einmal auf die Ökonomisierung eines bürokratischen Angestelltenstaates hingewiesen, wie er in den Planspielen eines Wolke vorgestellt wurde. Die Absonderlichkeit von dessen umtriebigem Engagement für die Bewirtschaftung der eigenen Sprache verliert sich zumindest ein Stück weit, wenn man sie mit den aktuellen Bilanzen der Multitasking-Theoretiker abgleicht. Weil an allen Orten Verschwendung herrscht, wird Verschwendungsvermeidung zum Einfallstor aller nur denkbaren Appelle und Strategien. Dem neuen Wahnsinn, der »multi-tasking craziness«, gilt es fortan die Stirn zu bieten und mit Entschleunigungsstrategien zu begegnen. Komisch wirken dabei höchstens noch diejenigen, die zu einer Art ironisch gebrochener Subversion aufrufen, für die es selbstredend weder einen Platz gibt noch je gab. Inzwischen halten Kritiker der grassierenden Selbstbewirtschaftung des Menschen den Slogan »Multitasking is a moral weakness« entgegen.[23] Gegen eine solche Schwäche gibt es selbst wiederum nur ein Mittel: Man muss gegen sie ankämpfen, mit aller angemessenen und gouvernantenhaften Strenge: Tun wir fortan also weniger – und tun wir es vor allem langsam.

Anmerkungen

1 Wohlfeiler Einstieg – Karikaturen ihrer Selbst

1 »Alles auf einmal: Risiko oder Chance«, in: *DKV impulse* 1/2011, S. 26-27.
2 Vgl. zum damit verbundenen Prinzip der Unabschließbarkeit Ulrich Bröckling, *Das unternehmerische Selbst. Soziologie einer Subjektivierungsform*, Frankfurt am Main: Suhrkamp 2007.
3 Einer speziellen Bildlichkeit der Zerstreuung (und ihrer medialen Bedingung in der Überblendungsfotografie) spürt Peter Bexte nach; vgl. Peter Bexte, »Polymorphe Bilder«, in: *Multitasking – Synchronität als kulturelle Praxis*, herausgegeben von der Neuen Gesellschaft für Bildende Kunst und der Europäischen Medienwissenschaft, Berlin 2007, S. 25-30.
4 Arno Schmidt, *Die Gelehrtenrepublik. Kurzroman aus den Roßbreiten*, Karlsruhe 1957. Wollte man ins Jahr 2008 gehen, in dem Schmidts Kurzroman spielt, so gelangte man zu Dietmar Dath und seinem Roman *Die Abschaffung der Arten*, Frankfurt am Main: Suhrkamp 2008.
5 Benjamin Bühler/Stefan Rieger, *Vom Übertier. Ein Bestiarium des Wissens*, Frankfurt am Main: Suhrkamp 2006.
6 Vgl. zum von der Kognitionspsychologie nicht bestätigten Gender-Aspekt Adrian Piper, »On wearing three hats«, in: *Multitasking – Synchronität als kulturelle Praxis*, a. a. O., S. 25-30.
7 Vgl. dazu Stefan Rieger, *Die Individualität der Medien. Eine Geschichte der Wissenschaften vom Menschen*, Frankfurt am Main: Suhrkamp 2001; auf das dort verhandelte Material sei hier aus Platzgründen stellvertretend verwiesen.
8 Richard David Precht, *Wer bin ich – und wenn ja, wie viele? Eine philosophische Reise*, München: Goldmann 2007.
9 Vgl. zum aktuellen Diskussionsstand Berit Uhlmann, »Multiple Persönlichkeiten. Bin ich viele?«, online verfügbar unter: {http://www.sueddeutsche.de/gesundheit/multiple-persoenlichkeiten-bin-ich-viele-1.1251850} (Stand März 2012).
10 Vgl. dazu z. B. Ulrich Bröckling/Susanne Krasmann/Thomas Lemke (Hg.), *Gouvernementalität der Gegenwart. Studien zur Ökonomisierung des Sozialen*, Frankfurt am Main: Suhrkamp 2000.

11 Vgl. dazu etwa den Lehrplan auf: {http://www.pmemory.com/fo rums/lofiversion/index.php?t4874.html} (Stand November 2011).
12 Einen guten ersten Überblick über diese (noch) vor allem in den USA verwurzelte Denkrichtung mitsamt ihren Konsequenzen für die Lebenspraxis gibt die Homepage der Deutschen Gesellschaft für Transhumanismus unter: {http://www.detrans.de/} (Stand November 2011).
13 Tobias Hülswitt/Roman Brinzanik, *Werden wir ewig leben? Gespräche über die Zukunft von Mensch und Technologie*, Berlin: Suhrkamp 2010, S. 100-117.
14 Jean Paul, *Dr. Katzenbergers Badereise*, in: *Jean Pauls' sämmtliche Werke*, Bd. 24, Berlin: Reimer 1842, S. 64.
15 Vgl. zur Positionierung im Verhältnis zum Cyborg-Mythos und den damit verbundenen Fantasien der ökonomischen Wertschöpfung Sophie Ehrmannstraut, »Cyborg der Arbeit. Für einen neuen Multitasking-Mythos«, in: *Multitasking – Synchronität als kulturelle Praxis*, a. a. O., S. 111-116.
16 Susanne Köhler, »Lars Siltberg«, in: *Multitasking – Synchronität als kulturelle Praxis*, a. a. O., S. 84-87. Ausschnitte aus der 18-minütigen Videoarbeit »Ambidextrous Performance« sind online zu sehen unter: {http://www.youtube.com/watch?v=MaQHq6OuFdo]} (Stand November 2011).

2 Drehzahl und Heldenzeit – ein historisch-numerisches Intermezzo

1 Fenn Sherie, »The man with the multiple mind«, Interview mit Harry Kahne, in: *Strand Magazine* (Oktober 1925), online verfügbar unter: {http://www.rexresearch.com/kahne/kahne.htm} (Stand November 2011).
2 Vgl. dazu Stefan Rieger, *Speichern / Merken. Die künstlichen Intelligenzen des Barock*, München: Fink 1997.
3 Einen Spezialfall kulturtechnisch vermittelter Selbstvervielfältigung stellt der Ventriloquismus (also das Bauchreden) dar; vgl. dazu Theodor Simon Flatau/Hermann Gutzmann, *Die Bauchrednerkunst. Geschichtliche und experimentelle Untersuchungen*, Leipzig: Ambrosius Abel 1894; Stefan Rieger, »Die verstellte Stimme. Zur Identität des Ventriloquisten«, unveröffentlichtes Manuskript, Bochum 2010.

4 Johann Christoph Freiherr von Aretin, *Systematische Anleitung zur Theorie und Praxis der Mnemonik, nebst den Grundlinien zur Geschichte und Kritik dieser Wissenschaft*, Sulzbach: Seidel 1810.

5 Von der Zukunft des Alltags handelt Margret Schwarte-Amedicks Aufsatz »Von papierlosen Büros und menschenleeren Fabriken« (in: *Zukünfte des Computers*, herausgegeben von Claus Pias, Zürich/Berlin: Diaphanes 2005, S. 67-86).

6 Johann Ludwig Klüber, *Compendium der Mnemonik oder Erinnerungswissenschaft aus dem Anfange des siebenzehnten Jahrhunderts von Lamprecht Schenckel und Martin Sommer. Aus dem Lateinischen mit Vorrede und Anmerkungen von D. Johann Ludwig Klüber*, Erlangen: Palm 1804, S. 9 f. Die Fähigkeit, »mehrere Briefe zugleich dictiren« zu können, wird als Selbstoptimierungsstrategie direkt benannt.

7 Vgl. zu diesem Detail Peter Bexte, »Polymorphe Bilder«, in: *Multitasking – Synchronität als kulturelle Praxis*, a. a. O., S. 25-30.

8 Vgl. zu den Selbstbeschreibungen in den Wissenschaften vom Menschen Georg Flatau, »Über simultane psychische Leistungen«, in: *Psychologie und Medizin. Vierteljahrsschrift für Forschung und Anwendung auf ihren Grenzgebieten* 1/1 (1925/1926), S. 221-232.

9 Dirk Astrath, »Ganz und gar nicht oberflächlich«, in: 64'er (Mai 1990), S. 54-60.

10 Vgl. stellvertretend für diese Konjunktur Hugo Weber-Rumpe, *Mnemonistische Unterrichts=Briefe für das Selbststudium der Gedächtniskunst (Schnell-Lern-Methode)*, Breslau 1910.

11 Eduard Zborzill, *Die mnemonische Dressur des Hundes, neu entdeckte Methode, jeden Hund als unübertrefflichen Rechenmeister, Kartenkünstler, Wahrsager, Correspondent, Musikvirtuose, Karten= und Dominospieler und vortrefflichen Gesellschafter etc. abzurichten*, 15. Auflage, Berlin: ohne Jahresangabe.

12 Vgl. zur Karriere eines Pferdes Oskar Pfungst, *Das Pferd des Herrn von Osten (Der kluge Hans). Ein Beitrag zur experimentellen Tier- und Menschenpsychologie*, Leipzig: Barth 1907.

13 Dazu Stefan Rieger, »Laufrad«, in: Benjamin Bühler/Stefan Rieger, *Kultur. Ein Machinarium des Wissens* (im Erscheinen); vgl. ferner: Stefan Rieger/Manfred Schneider (Hg.), *Selbstläufer/Leerläufer. Regelungen und ihr Imaginäres im 20. Jahrhundert*, Berlin/Zürich: Diaphanes 2012.

14 Christian August Fürchtegott Hayner, »Ueber einige mechanische Vorrichtungen, welche in Irrenanstalten mit Nutzen gebraucht werden können«, in: *Zeitschrift für psychische Aerzte* 3/1818, Leipzig, S. 339-366.

15 F. Schuster, »Das Sich-irre-gehen in psycho-pathologischer und staatsärztlicher Beziehung«, in: *Allgemeine Zeitschrift für Psychiatrie* 8/1851, S. 171-208.

16 Reinhold Gerling, *Die Gymnastik des Willens. Praktische Anleitung zur Erhöhung der Energie und Selbstbeherrschung, Kräftigung von Gedächtnis und Arbeitslust durch Stärkung der Willenskraft ohne fremde Hilfe*, 5., neubearbeitete Auflage, Oranienburg bei Berlin: Wilhelm Möller 1920.

17 Zu den Glückstagebüchern und ihren Auflagezahlen vgl. das Selbstrationalisierungsimperium des Gustav Großmann, *Sich selbst rationalisieren. Lebenserfolg ist erlernbar*, 28. Auflage, Grünwald: Ratio-Verlag 1993.

18 Um wenigstens einen Eindruck in Sachen Stephen R. Covey zu geben, sei auf folgende Titel verwiesen: *The Seven Habits of Highly Effective People* (1989), *First Things First* (zusammen mit Roger und Rebecca Merrill; 1994), *Living the Seven Habits* (2000) und *The 8th Habit: From Effectiveness to Greatness* (2004).

19 Klaus Mergel, »Besuch beim Guru: Deutschlands Esoterikpapst Kurt Tepperwein lehrt uns, wie man richtig reich wird«. in: *Playboy* 10/2006, S. 67-68.

20 Kurt Tepperwein, *Nie mehr arbeiten – bezahlter Urlaub für immer: Kompakt-Seminar*, Wangen im Allgäu: VitaNovaMedia 2008.

21 Kurt Tepperwein, *Mentaltraining für Fortgeschrittene: Ein neuer Weg zur Persönlichkeitsentfaltung*, Güllesheim: Silberschnur 2008.

22 Kurt Tepperwein, *Super-Intuition. So entwickeln Sie Ihre verborgenen geistigen Fähigkeiten*, München: MVG Verlag 2005.

23 Das entsprechende Pfaddiagramm ist online verfügbar unter: {http://institut.korsakow.com/_projects/_tag/} (Stand November 2011); vgl. zur feuilletonistischen Aufmerksamkeit für das Verzetteln den Themenschwerpunkt »Verzettle dich nicht!« in der Wochenzeitung *Die Zeit* (28. April 2011).

24 John von Neumann hat den Bezug im Jahr 1945 und vor seiner konjunkturellen Verwendung ausgearbeitet; vgl. John von Neumann, *Die Rechenmaschine und das Gehirn*, 6. Auflage, München: Olden-

bourg 1991. Auch in der Kybernetik sind entsprechende Engführungen einschlägig.
25 Vgl. zu dieser Ausklammerung Niklas Luhmann, »Individuum, Individualität, Individualismus«, in: *Gesellschaftsstruktur und Semantik. Studien zur Wissenssoziologie der modernen Gesellschaft*, Bd. 3, Frankfurt am Main: Suhrkamp 1993, S. 149-258, S. 154.
26 Einschlägig hierzu sind die Arbeiten Friedrich Kittlers.
27 Vgl. dazu den Eintrag »Schnecke« in Benjamin Bühler/Stefan Rieger, *Vom Übertier. Ein Bestiarium des Wissens*, Frankfurt am Main 2006, S. 221-229. Zu den Details der experimentellen Umsetzung sei auf die Arbeit eines Doktoranden von Uexkülls verwiesen: Gerhard A. Brecher, *Die Entstehung und biologische Bedeutung der subjektiven Zeiteinheit – des Moments*, Kiel 1932.
28 Johann Friedrich Herbart, *Ueber Möglichkeit und Notwendigkeit, Mathematik auf Psychologie anzuwenden* [1822], in: ders., *Sämtliche Werke*, Bd. 5, Aalen: Scientia-Verlag 1989, S. 91-122.
29 Vgl. dazu Hannelore Schlaffer, »Eine Psychologie des Lesens im achtzehnten Jahrhundert. Immanuel David Maucharts ›Bemerkungen über den gewöhnlichen Gang der Phantasie‹ (Einführung und Text)«, in: *Jahrbuch der Jean-Paul-Gesellschaft* 15/1980, S. 131-153.
30 Willy Hellpach, »Taumfilmung«, in: *Forschungen und Fortschritte. Nachrichtenblatt der deutschen Wissenschaft und Technik* 20/1944, S. 5-7, S. 5. Vgl. ferner Wilhelm Weygandt, »Beiträge zur Psychologie des Traumes«, in: *Philosophische Studien* 20/1902, S. 456-486.
31 Melchior Vischer, *Sekunde durch Hirn. Ein unheimlich schnell rotierender Roman*, in: ders., *Sekunde durch Hirn, Der Teemeister, Der Hase und andere Prosa*, herausgegeben von Hartmut Geerken, 2. Auflage, München: Edition Text + Kritik 1983, S. 74.
32 Georg Bense, »Entwurf – Überlegung – Herstellung. Der ›Jetzt‹Film – ein Protokoll«, in: *muster möglicher welten. eine anthologie für max bense*, herausgegeben von Elisabeth Walther und Ludwig Harig, Wiesbaden: Limes Verlag 1970, S. 11-13, S. 11.

3 Im Vorhof der Wissenschaft

1 Vgl. zur Entdeckung der Überbürdung stellvertretend Emil Kraepelin, *Zur Überbürdungsfrage*, Jena: Fischer 1897.

2 Vgl. dazu Torkel Klingberg, *Multitasking. Wie man die Informationsflut bewältigt, ohne den Verstand zu verlieren*, München: C. H. Beck 2008, S. 103.

3 Edward Hallowell, »Overloaded circuits: Why smart people underperform«, in: *Harvard Business Review* 83/1 (Januar 2005), S. 54-62.

4 So sei ein klassischer Text der Goethezeit in Erinnerung gerufen, der das Selbstgespräch als apotropäische Strategie gegen die Ablenkungen im damaligen Großstadtgewimmel beobachtet: Johann Christoph Hoffbauer, »Ueber die Neigung Wahnsinniger und ähnlicher Kranken, für sich zu reden, besonders in nosologisch-semiotischer Hinsicht mit beyläufigen Bemerkungen über die Sprache der Taubstummen«, in: *Beyträge zur Beförderung einer Kurmethode auf psychischem Wege*, Bd. 2, herausgegeben von Johann Christoph Hoffbauer und Johann Christian Reil, Halle 1808, S. 515-549.

5 George A. Miller, »The magical number seven, plus-or-minus two or some limits on our capacity for processing information«, in: *Psychological Review* 63/1956, S. 81-97.

6 Dazu Torkel Klingberg, *Multitasking. Wie man die Informationsflut bewältigt, ohne den Verstand zu verlieren*, a. a. O., S. 70.

7 Georg Sarganeck, *Die höchstnöthige Berechnung der Sünden=Schulden, deren Grösse und Mannigfaltigkeit gegen die unendliche Versöhnung und Liebe Gottes in Christo Jesu*, Züllichau 1735.

8 Vgl. zu Lottas Einführung Klingberg, *Multitasking. Wie man die Informationsflut bewältigt, ohne den Verstand zu verlieren*, a. a. O., S. 7.

9 Claude E. Shannon/Warren Weaver, *Mathematical Theory of Communication*, Urbana/Illinois: University of Illinois Press 1949.

10 Wie der Psychologe Miller war er selbst mit einem sonderbaren Zahlenhandicap geschlagen, das ihn bis an den Rand einer Altersdepression trieb; vgl. zu dieser Anekdote, die im Herzen der amerikanischen Signalverarbeitung und noch genauer im Herzen ihres Chefs spielte, Friedrich Kittler, »Memories are made of you«, in: *Schrift, Medien, Kognition. Über die Exteriorität des Geistes*, herausgegeben von Peter Koch und Sybille Krämer, Tübingen: Stauffenburg 1997, S. 188-203, vor allem S. 201.

11 Ralph V. L. Hartley, »Transmission of information«, in: *Bell Systems Technical Journal* 7/1928, S. 535-563, S. 536.

12 Vgl. Friedrich Kittler, »Signal-Rausch-Abstand«, in: ders., *Draculas Vermächtnis. Technische Schriften*, Leipzig: Reclam 1993, S. 161-181.

13 W. Janovsky, »Fernsprechen in Lärm und Wind«, in: *Siemens. Veröffentlichungen aus dem Gebiete der Nachrichtentechnik* 7/1937 (5. Folge), S. 873-878.

14 Christian Heinrich Wolke, *Anleit zur deutschen Gesamtsprache oder zur Erkennung und Berichtigung einiger (zu wenigst 20) tausend Sprachfehler in der hochdeutschen Mundart; nebst dem Mittel, die zahllosen, in jedem Jahre den Deutschschreibenden 10 000 Jahre Arbeit oder die Unkosten von 5 000 000 verursachenden Schreibfehler zu vermeiden*, Dresden: Selbstverlag 1812.

15 Robert D. Rogers/Stephen Monsell, »Costs of a predictable switch between simple cognitive tasks«, in: *Journal of Experimental Psychology: General* 124/2 1995, S. 207-231.

16 Vgl. stellvertretend zur Geschichte und zu den Geschichten der Bürokratie Sven Spieker (Hg.), *Bürokratische Leidenschaften. Kultur- und Mediengeschichte im Archiv*, Berlin: Kadmos 2003.

17 Nelson Cowan, »The magical number 4 in short-term memory: A reconsideration of mental storage capacity«, in: *Behavioral and Brain Sciences* 24/2000, S. 87-185.

18 Auf die Idee, den Menschen so zu veranlagen, hat Manfred Schneider hingewiesen; vgl. Manfred Schneider, »Der Mensch als Quelle«, in: *Der Mensch – das Medium der Gesellschaft*, herausgegeben von Peter Fuchs und Andreas Göbel, Frankfurt am Main: Suhrkamp 1994, S. 297-322.

19 Vgl. zu den Strategien der Diffamierung Stefan Rieger, »Der Wahnsinn des Merkens. Für eine Archäologie der Mnemotechnik«, in: *Seelenmaschinen. Gattungstraditionen, Funktionen und Leistungsgrenzen der Mnemotechniken vom späten Mittelalter bis zum Beginn der Moderne*, herausgegeben von Jörg Jochen Berns und Wolfgang Neuber, Wien/Köln/Weimar: Böhlau 2000, S. 379-403.

20 Dazu Olaf Breidbach, *Neue Wissensordnungen. Wie aus Informationen und Nachrichten kulturelles Wissen entsteht*, Frankfurt am Main: Suhrkamp 2008.

21 Vgl. dazu Francis A. Yates' klassische Arbeit *The Art of Memory* (London: Routledge & Kegan Paul 1966).

22 Den Begriff des Heterotops übernehme ich von Michel Foucault; vgl. Michel Foucault, »Andere Räume«, in: *Aisthesis. Wahrnehmung heute oder Perspektiven einer anderen Ästhetik*, herausgegeben von Karlheinz Barck, Peter Gente et al., Leipzig: Reclam 1990, S. 34-46.

4 Mal sehen – im Gehirnkino der Kognitionsforscher

1 Die Herleitung folgt Klingberg, ohne diesen aus Darstellungsgründen bei jedem Detail eigens zu zitieren.
2 Für Furore sorgen zurzeit die Untersuchungen Jack Gallants von der University of California in Berkeley; vgl. dazu Markus Becker, »Hirnströme. Computer rekonstruiert Film aus Gedanken«, online verfügbar unter: {http://www.spiegel.de/wissenschaft/mensch/0,15 18,787867,00.html} (Stand Februar 2012).
3 Patrick C. Kyllonen/Raymond E. Christal, »Reasoning ability is (little more than) working-memory capacity«, in: *Intelligence* 14/1990, S. 389-433.
4 Klingberg nennt als häufigst zitierte Quelle Shintaro Funahashi/Charles J. Bruce/Patricia S. Goldman-Rakic, »Mnemonic coding of visual space in the monkey's dorsolateral prefrontal cortex«, in: *Journal of Neurophysiology* 61/1989, S. 331-349.
5 Klingberg, *Multitasking*, a. a. O., S. 52.
6 Torkel Klingberg/P. E. Roland, »Interference between two concurrent tasks is associated with activation of overlapping fileds in the cortex«, in: *Cognitive Brain Research* 6/1997, S. 1-8.
7 Das gilt für die »harte« Informatik ebenso wie für Versuche, solche Phänomene zu simulieren oder deren Beschreibungspotenzial zu nutzen; vgl. zur Computermodellierung David E. Meyer/David E. Kieras, »A computational theory of executive cognitive processes and multiple-tasks performance: Part 1. Basic mechanisms«, in: *Psychological Review* 104/1997, S. 3-65; vgl. zur Beschreibung nach Maßgabe parallel verteilter Netzwerke Patricia S. Goldman-Rakic, »Topography of cognition: parallel distributed networks in primate association cortex«, in: *Annual Review of Neuroscience* 11/1988, S. 137-156.
8 Dazu Michael Hagner, *Geniale Gehirne. Zur Geschichte der Elitegehirnforschung*, Göttingen: Wallstein 2004.
9 Vgl. für die USA David L. Strayer/William A. Johnston, »Driven to distraction: Dual-task studies of simulated driving and conversing on a cellular telephone«, in: *Psychological Sciences*, 12/2001, S. 462-466; für Schweden Håkan Alm/Lena Nilsson, »The effects of a mobile telephone task on driver behaviour in a car following situation«, in: *Accident Analysis & Prevention*, 27/1995, S. 707-715.
10 Zu diesen Utopien sei verwiesen auf die Tagung »Vollstes Verständ-

nis. Utopien der Kommunikation«, die Claus Pias und ich 2010 in Bochum veranstaltet haben.

11 Raymond Freymann, *HMI: A Fascinating and Challenging Task. Proceedings of the 16th World Congress on Ergonomics* (IEA 2006), Maastricht: Elsevier 2006.

12 Klaus Bengler, »Multitasking im Automobil«, in: *Multitasking – Synchronität als kulturelle Praxis*, a. a. O., S. 39-45.

13 Dazu Jürgen Kiefer/Leon Urbas, »Multitasking-Heuristiken in dynamischer Mensch-Technik-Interaktion«, online verfügbar unter: {http://www.prometei.de/fileadmin/prometei.de/publikationen/Kiefer_anthropotechnik.pdf} (Stand März 2012).

14 Michael Praxenthaler/Klaus Bengler, *Zur Unterbrechbarkeit von Bedienvorgängen während zeitkritischer Fahrsituationen*, BDP Kongress Regensburg 2002.

15 Wenn diese Eindeutschung für *attention policies* zulässig ist; vgl. dazu Daniel Gopher/Lilach Armony/Yaakow Greenshpan, »Switching tasks and attention policies«, in: *Journal of Experimental Psychology* 129/2000, S. 308-339.

16 Etienne Koechlin/Gianpaolo Basso/Pietro Petrini/Seth Panzer/Jordan Grafman, »The role of the anterior prefrontal cortex in human cognition«, in: *Nature* 399/1999, S. 148-151.

17 Dario D. Salvucci, »A multitasking general executive for compound continuos tasks«, in: *Cognitive Science* 29/2005, S. 457-492.

18 Klingberg verweist auf Norihiro Sadato et al., »Activation of the primary visual cortex by Braille reading in blind subjects«, in: *Nature* 380/1996, S. 526-528.

19 Vgl. stellvertretend Reinhard Gerling, *Die Gymnastik des Willens. Praktische Anleitung zur Erhöhung der Energie und Selbstbeherrschung, Kräftigung von Gedächtnis und Arbeitslust durch Stärkung der Willenskraft ohne fremde Hilfe*, fünfte, neu bearbeitete Auflage, Oranienburg bei Berlin: Wilhelm Möller ohne Jahr (circa 1920); vgl. für die rasante Bildlichkeit Carl Ludwig Schleich, *Die Wunder der Seele*, Frankfurt am Main: Fischer 1953, insbesondere S. 154 ff.

20 Carl Gustav Schleich, *Vom Schaltwerk der Gedanken. Neue Einsichten und Betrachtungen über die Seele*, Berlin 1916.

21 Zu dieser Diskussion und zur Gefahr, bloße Beschreibung und normative Durchsetzung zu verwechseln, ist die Kontroverse um Peter Sloterdijks *Regeln für den Menschenpark. Ein Antwortschreiben zu*

Heideggers Brief über den Humanismus illustrativ (Frankfurt am Main: Suhrkamp 1999): vgl. ferner Dietmar Dath, *Maschinenwinter. Wissen, Technik, Sozialismus. Eine Streitschrift*, Frankfurt am Main: Suhrkamp 2008.

22 Martha J. Farah et al., »Neurocognitive enhancement: What can we do and what should we do?«, in: *Nature Reviews Neuroscience* 5/2004, S. 421-425.

23 Vivienne Lawrence et al., »ADHD outside the laboratory: Boys' executice function performance on tasks in videogame play and on a visit to the zoo«, in: *Journal of Abnormal Child Psychology*, 30/2002, S. 447-462.

5 Zurück in die Steinzeit

1 Vgl. stellvertretend für aktuelle Untersuchungen Ulla G. Foehr, *Media Multitasking among American Youth. Prevalence, Predictors and Pairings*, Menlo Park: The Henry J. Kaiser Family Foundation 2006.

2 Stefan Rieger, »Organische Konstruktionen. Von der Künstlichkeit des Körpers zur Natürlichkeit der Medien«, in: *McLuhan neu lesen. Kritische Analysen zu Medien und Kultur im 21. Jahrhundert*, herausgegeben von Derrick de Kerckhove, Martina Leeker und Kerstin Schmidt, Bielefeld: Transcript 2008, S. 252-269.

3 Ob man das dann als Trans- oder Posthumanismus ausflaggt, sei dahingestellt.

4 Mihály Csíkszentmihályi, *Flow – der Weg zum Glück. Der Entdecker des Flow-Prinzips erklärt seine Lebensphilosophie*, Freiburg/Basel/Wien: Herder 2010.

5 Vgl. zu diesem anderen Extrem (und ebenfalls im Zeichen der Falle) Philippe Rothlin/Peter R. Werder, *Die Boreout-Falle. Wie Unternehmen Langeweile und Leerlauf vermeiden*, München: Redline 2009.

6 Vgl. zur Ausstellungspraxis von Charles und Ray Eames Sandra Schramke, *Kybernetische Szenografie. Charles und Ray Eames – Ausstellungsarchitektur 1959-1965*, Bielefeld: Transcript 2010.

7 Arthur T. Winfree, *Biologische Uhren. Zeitstrukturen des Lebendigen*, Heidelberg: Spektrum der Wissenschaft 1988.

8 Vgl. dazu das Sachbuch von Peter Spork, *Das Uhrwerk der Natur. Chronobiologie – Leben mit der Zeit*, Reinbek bei Hamburg: Rowohlt

2004; Erwin Bünning, *Die physiologische Uhr. Circadiane Rhythmik und Biochronometrie*, dritte, gründlich überarbeitete Auflage, Berlin/Heidelberg/New York: Springer 1977.

9 Federico Valverde et al., »Photoreceptor regulation of CONSTANS protein in photoperiodic flowering«, in: *Science* 303/2004, S. 1003-1006.

10 Wilhelm Fließ, *Der Ablauf des Lebens. Grundlegung zur exakten Biologie*, Leipzig/Wien: Deuticke 1906.

11 Hermann Swoboda, *Das Siebenjahr. Untersuchungen über die zeitliche Gesetzmäßigkeit des Menschenlebens*, Bd. I: *Vererbung*, Wien: Orion 1917.

12 Hermann Swoboda, *Die kritischen Tage des Menschen und ihre Berechnung mit dem Periodenschieber*, Leipzig/Wien: Deuticke 1909.

13 Hermann Swoboda, *Die gemeinnützige Forschung und der eigennützige Forscher. Antwort auf die von Wilhelm Fließ gegen Otto Weininger und mich erhobenen Anschuldigungen*, Wien: Braumüller 1906.

14 Vgl. zu solchen Phantomen im Rahmen der modernen Schriftbewirtschaftung (in diesem Fall am Beispiel der Schreibmaschine und an einer Schriftsetzmaschine) Frank B. Gilbreth/Lillian Moller Gilbreth, *Motion Study For The Handicapped*, London: Routledge 1920.

15 Dazu Stefan Rieger, »Sonnenwende«, in: Benjamin Bühler/Stefan Rieger, *Das Wuchern der Pflanzen. Ein Florilegium des Wissens*, Frankfurt am Main: Suhrkamp 2009, S. 225-236.

16 George S. Thommen, *Is This Your Day? How the Science of Biorhythm Enables You to Find Your Natural Rhythm and Life Cycles to Help Guide You to a Fuller and Safer Life,* New York: Outlet 1973.

17 Günter Clauser, *Die Kopfuhr. Das automatische Erwachen. Wunsch- oder vorsatzgemäße Terminleistungen zur ungewohnten Zeit, besonders während des Schlafes*, Stuttgart: Enke 1954.

18 Valentin Kataev, *Im Sturmschritt Vorwärts!*, Berlin: SWA-Verlag 1947.

19 Kathleen G. Nadeau, *ADD in the Workplace: Choices, Changes, and Challenges*, Florence/KY: Brunner/Mazel 1997.

20 Für die genannten Aspekte stehen exemplarisch folgende Titel: Raymond R. Panko, »Managerial communication patterns«, in: *Journal of Organizational Computing*, 2 (1)/1992, S. 95-122; H. Mintzberg, *The Nature of Managerial Work*, Englewood Cliffs: Prentice-Hall 1973; Brid O'Conaill/David Frohlich, »Timespace in the workplace: Dealing with interruptions«, in: *Proceedings of CHI 95*, ACM Press

(Mai 1995), S. 262 f.; Yoshiro Miyata/Donald A. Norman, »Psychological issues in support of multiple activities«, in: *User Centered System Design*, herausgegeben von Donald A. Norman/Steve W. Draper, Hillsdale, Lawrence Erlbaum 1986, S. 265-284; Thomas W. Malone, »How do people organize their desks? Implications for the design of office information systems«, in: *ACM Transactions on Office Information Systems* 1/1983, S. 99-112.

21 Victoria Bellotti/Nicolas Ducheneaut/Mark Howard/Ian Smith, »Taking email to task: The design and evaluation of a task management centered email tool«, in: *Proceedings of CHI 2003*, ACM Press (2003), S. 345-352.

22 Zum Begriff der Wissensfigur sei verwiesen auf ein gemeinsam mit Benjamin Bühler unternommenes Projekt, das in vier Bänden versucht, Wissensfiguren entlang der drei Naturreiche (*Vom Übertier. Ein Bestiarium des Wissens* [Frankfurt am Main: Suhrkamp 2006], *Das Wuchern der Planzen. Ein Florilegium des Wissens* [Frankfurt am Main: Suhrkamp 2009] und *Bunte Steine. Eine Lapidarium des Wissens* [Berlin: Suhrkamp, im Erscheinen]) sowie entlang der Kultur (*Kultur. Ein Machinarium des Wissens* [Berlin: Suhrkamp, im Erscheinen]) darzustellen.

23 Stefan Rieger, »Kunst, Medien, Kultur. Konjunkturen des Wissens«, in: *Handbuch der Kulturwissenschaften, Bd. 2, Paradigmen und Disziplinen*, herausgegeben von Friedrich Jaeger und Jürgen Straub, Stuttgart/Weimar: Metzler 2004, S. 638-655.

6 Flaschenhälse und was in ihnen stecken bleibt

1 Einen ersten Einblick in die Thematik liefern Marco Wurzler und Philipp Stenger auf den entsprechenden Seiten der Webseite zu ihrer Magisterarbeit; online verfügbar unter: {http://www.flow-usability.de/theorien_aufmerksamkeit2.htm} (Stand Januar 2012).

2 Harold E. Pashler (Hg.), *The Psychology of Attention*, Cambridge/MA: MIT Press 1998.

3 Peter Werkhoven/George Sperling/Charles Chubb, »The dimensionality of texture-defined motion. A single channel theory«, in: *Vision Research* 33/1992, S. 463-485.

4 Donald E. Broadbent, *Perception and Communication*, London: Per-

gamon 1958; Tony Gillie/Donald Broadbent, »What makes interruptions disruptive? A study of length, similarity and complexity«, in: *Psychological Research* 50/1989, S. 243-250.

5 Harold Pashler/James C. Johnston, »Chronometric evidence for central postponement in temporally overlapping tasks«, in: *Journal of Experimental Psychology* 41a/1989 S. 19-45.

6 Vgl., um die genannten Aspekte stellvertretend an einem Autor festzumachen, Alan T. Welford, »The measurement of sensory-motor performance: Survey and reappraisal of twelve years progress«, in: *Ergonomics* 3/1960, S. 189-230; ders., »Single-channel operation in the brain«, in: *Acta Psychologica* 27/1976, S. 5-22; ders., »The single-channel hypothesis«, in: *Reaction Times*, herausgegeben von Alan T. Welford, New York: Luce 1980, S. 215-252.

7 Vgl. dazu Robert S. McCann/James C. Johnston, »Locus of the single-channel bottleneck in dual-task interference«, in: *Journal of Experimental Psychology* 18/1992, S. 471-484; Paul E. Dux/Jason Ivanoff/Christopher L. Asplund/René Marois, »Isolation of a central bottleneck of information processing with time-resolved fMRI«, in: *Neuron* 52/2006, S. 1109-1120.

8 E. R. F. W. Crossman/P. J. Goodeve, »Feedback control of hand-movement and Fitts' law: Communication to the Experimental Society« [1963], in: *Journal of Experimental Psychology* 35a/1983, S. 251-278.

9 Ein Modellrechner dieses Typs steht unter der Bezeichnung MOPS online zum Download bereit unter: {http://www.heise.de/software/download/mops/57789} (Stand März 2012).

10 Zur modellbildenden Kraft dieses Rechnertyps siehe Claus Pias im Vorwort des von ihm herausgegebenen Buches *Zukünfte des Computers*, Zürich/Berlin: Diaphanes 2005, vgl. insbesondere S. 7.

11 Dazu Vicky Tiegelkamp »Frauen, Computer und späte Anerkennung – die ENIAC Frauen«, online verfügbar unter: {http://debug.de/mag/261.html} (Stand Januar 2012).

12 John Backus, »Can programming be liberated from the von Neumann style? A Functional style and its algebra of programs«, in: *ACM Turing Award Lecture* 1977, S. 613-641, S. 615.

13 James L. McClelland/David E. Rumelhart, *Explorations in Parallel Distributed Processing. A Handbook of Models, Programs, and Exercises*, Cambridge/MA: MIT Press 1988.

14 Klaus-Dieter Thies, *Multitasking. Grundlagen. Betriebssystem-Kern-Funktionen für INTEL-Prozessoren. Parallele Programmierung. Realzeit-System*, München/Wien: Hanser 1994.
15 Vgl. zu dieser Rede von der Gerechtigkeit Klaus-Dieter Thies, *Multitasking*, a. a. O., S. 50.
16 Vgl. dazu Markus Krajewski, »Im Leerlauf. Spekulationen über die Freizeit der Maschinen«, in: Selbstläufer/Leerläufer. Regelungen und ihr Imaginäres im 20. Jahrhundert, S. 85-99.
17 Thomas Rauber/Gudula Rünger, *Parallele Programmierung*, zweite, neu bearbeitete und erweiterte Auflage, Berlin/Heidelberg/New York: Springer 2007, S. 1 ff.
18 Vgl. zu den Details dieser Tiergeschichte Stefan Rieger, »Polyp«, in: Bühler/Rieger, *Vom Übertier. Ein Bestiarium des Wissens*, a. a. O., S. 187-199.
19 Abraham Trembley, *Des Herrn Trembley Abhandlungen zur Geschichte einer Polypenart des süßen Wassers mit hörnerförmigen Armen*, aus dem Französischen übersetzt und mit einigen Zusätzen herausgegeben von Johann August Ephraim Goeze, Quedlinburg: F. J. Ernst 1791.
20 Vgl. dazu die online verfügbaren Ausführungen unter: {http://hbfs.wordpress.com/2011/01/04/the-cfm-01/#more-2958.} (Stand Januar 2012).

7 Divide, impera!

1 Vgl. zum Selbstmissverständnis dieser Debatte Claus Pias, »›Hollerith ›gefiederter‹ Kristalle.‹ Kunst, Wissenschaft und Computer in Zeiten der Kybernetik«, in: *Die Transformation des Humanen. Beiträge zur Kulturgeschichte Kybernetik*, herausgegeben von Michael Hagner und Erich Hörl, Frankfurt am Main: Suhrkamp 2008, S. 72-106.
2 Vgl. zur Person Gruithuisens Arno Schmidt, »Die Kreisschlösser«, in: ders., *Aus julianischen Tagen*, Frankfurt am Main: Fischer 1979, S. 21-34.
3 Franz von Paula Gruithuisen, »Entdeckung vieler deutlicher Spuren der Mondbewohner; besonders eines collossalen Kunstgebäudes derselben«, in: *Kastner'sches Archiv für die gesamte Naturlehre* 1/1824.
4 Von der Systematik, mit der Gruithuisen nicht nur Einzelpersonen,

sondern auch die Wissenschaft selbst verbessern will, handelt die Abhandlung *XXXI. Von der Idee einer Experimentalphysiologie.*

5 Franz von Paula Gruithuisen, »Ueber die Zertheilbarkeit des Ich's im Menschen«, in: ders., *Beyträge zur Physiognosie und Eautognosie, für Freunde der Naturforschung auf dem Erfahrungswege*, München 1812, S. 37-44, S. 37; vgl. zu den Details dieser Lektüre Stefan Rieger, »Die Kybernetik des Menschen. Steuerungswissen um 1800«, in: *Poetologien des Wissens um 1800*, herausgegeben von Joseph Vogl, München: Fink 1998, S. 97-119.

6 Gruithuisen, »Ueber die Zertheilbarkeit des Ich's im Menschen«, a. a. O., S. 38 f.; vgl. dazu auch den unmittelbar folgenden Text »IV. Ueber die zwey Hauptrichtungen des Ichs«.

7 Gruithuisen, »Ueber die Zertheilbarkeit des Ich's im Menschen«, a. a. O., S. 39.

8 Um der Flexibilität wenigstens eine theoretische Referenz zu geben, sei verwiesen auf Richard Sennett, *Der flexible Mensch*, Berlin: Berlin-Verlag 1998.

9 Gruithuisen, »Ueber die Zertheilbarkeit des Ich's im Menschen«, a. a. O., S. 39 f.

10 Franz von Paula Gruithuisen, *Ueber die Existenz der Empfindung in den Köpfen und Rümpfen der Geköpften und von der Art, sich darüber zu belehren*, Augsburg: Brolling 1808.

11 Gruithuisen, »Ueber die Zertheilbarkeit des Ich's im Menschen«, a. a. O., S. 41.

12 Vgl. zur Frage nach der Einsinnigkeit von Handlung Julia Kursel/ Armin Schäfer, »Die Vermöglichung der Welt. Ilja Kabakovs Palast der Projekte«, in: *Projektemacher. Zur Produktion von Wissen in der Vorform des Scheiterns*, herausgegeben von Markus Krajewski, Berlin: Kadmos 2004, S. 185-209.

13 Vgl. zu dieser Bedrohung allgemein (und aus dem gleichen zeitlichen Segment) Johann Christian Reil, »Das Zerfallen der Einheit unseres Körpers im Selbstbewußtseyn«, in: *Beyträge zu einer Curmethode auf psychischem Wege*, Bd. 1/4, herausgegeben von Johann Christian Reil und Johann Christoph Hoffbauer, Halle: Currsche Buchhandlung 1808, S. 550-585.

14 Vgl. zum Schulterschluss beider Seelenwissenschaften Friedrich Giese, *Psychoanalytische Psychotechnik*, Leipzig u. a.: Internationaler Psychoanalytischer Verlag 1924.

15 Spielarten eines Optisch-Unbewussten sorgen für eine entsprechende theoretische Durchdringung, die zugleich den enormen Stellenwert technischer Medien im Rahmen dieses Prozesses berücksichtigt (vgl. dazu Walter Benjamin, »Das Kunstwerk im Zeitalter seiner technischen Reproduzierbarkeit« (Zweite Fassung), in: des., *Gesammelte Schriften*, Bd. I.2, Frankfurt am Main: Suhrkamp 1980, S. 471-508.

16 Vgl. zur Rede vom Mythos Sophie Ehrmanntraut, »Cyborg der Arbeit. Für einen neuen Multitasking-Mythos«, in: *Multitasking – Synchronität als kulturelle Praxis*, a. a. O., S. 111-116.

17 Vgl. zu einer eher neutralen Beschreibung Frank J. Lee/Niels A. Taatgen, »Multitasking as skill acquisition«, in: *Proceedings of the Twenty-Fourth Annual Conference of the Cognitive Science Society* (2002), Mahwah, NJ: Erlbaum, S. 572-577.

18 Katrin Blawat, »Schön der Reihe nach statt Multitasking« (1. Januar 2007), online verfügbar unter: {http://www.spiegel.de/wissenschaft/mensch/0,1518,491334,00.html} (Stand November 2011).

19 Vgl. dazu die Webseite der Information Overload Research Group unter: {http://iorgforum.org} (Stand Februar 2012).

20 Die Rede vom schizoiden Denkstil geht zurück auf den Psychologen Ernst Pöppel.

21 Victor M. González/Gloria Mark, »»Constant, constant, multi-tasking craziness«. Managing multiple working spheres«, in: *Proceedings of CHI 2004*, ACM Press (2004), S. 113-120.

22 Vgl. dazu z. B. Viktoria Unterreiner, »Gestresst von unerwünschten E-Mails« (30. August 2007), online verfügbar unter: {http://www.welt.de/wissenschaft/article11146026/Gestresst_von_unerwuenschten_E_Mails.html} (Stand Februar 2012); James M. Hudson/Jim Christensen/Wendy A. Kellogg/Thomas Erickson, T. »›I'd be overwhelmed, but it's just one more thing to do‹. Availability and interruption in research management«, in: *Proceedings of CHI*, ACM Press (2002), S. 97-104.

23 »Do less, slowly« lautet etwa einer der Wahlsprüche des International Institute of Not Doing Much; vgl. zu dieser Organisation die online verfügbaren Auskünfte unter: {www.SlowDownNow.org} (Stand Februar 2012).

edition unseld
Das Programm

Karen Barad. Agentieller Realismus. Über die Bedeutung materiell-diskursiver Praktiken. eu 45. 123 Seiten

Aaron Ben Ze'ev. Die Logik der Gefühle. Kritik der emotionalen Intelligenz. Übersetzt von Friedrich Griese. eu 24. 342 Seiten

Reinhard Brandt. Können Tiere denken? Ein Beitrag zur Tierphilosophie. eu 17. 159 Seiten

Olaf Breidbach. Neue Wissensordnungen. Wie aus Informationen und Nachrichten kulturelles Wissen entsteht. eu 10. 182 Seiten

Paul J. Crutzen / Mike Davis / Michael D. Mastrandrea / Peter Sloterdijk / Stephen H. Schneider. Das Raumschiff Erde hat keinen Notausgang. Energie und Politik im Anthropozän. edition unseld Sonderdruck. 115 Seiten

Dietmar Dath. Maschinenwinter – Wissen, Technik, Sozialismus. Eine Streitschrift. eu 8. 130 Seiten

Oswald Egger. Diskrete Stetigkeit. Poesie und Mathematik. eu 14. 160 Seiten

Karl Eibl. Kultur als Zwischenwelt. Eine evolutionsbiologische Perspektive. eu 20. 218 Seiten

Hans Magnus Enzensberger. Fortuna und Kalkül. Zwei mathematische Belustigungen. eu 22. 71 Seiten

Durs Grünbein. Der cartesische Taucher. Drei Meditationen. eu 7. 143 Seiten

David Gugerli. Suchmaschinen. Die Welt als Datenbank. eu 19. 117 Seiten

Hans Ulrich Gumbrecht / Robert P. Harrison / Michael R. Hendrickson / Robert B. Laughlin. Geist und Materie – Was ist Leben? Zur Aktualität von Erwin Schrödinger. Aus dem Englischen von Sabine Baumann. eu 13. 150 Seiten

Ursula K. Heise. Nach der Natur. Das Artensterben und die moderne Kultur. eu 34. 190 Seiten

Roald Hoffmann / Iain Boyd Whyte (Hg.). Das Erhabene in Wissenschaft und Kunst. Über Vernunft und Einbildungskraft. eu 33. 221 Seiten

Tobias Hülswitt / Roman Brinzanik. Werden wir ewig leben? Gespräche über die Zukunft von Mensch und Technologie. eu 30. 308 Seiten

Peter Janich. Kein neues Menschenbild. Zur Sprache der Hirnforschung. eu 21. 191 Seiten

Peter Janich. Der Mensch und andere Tiere. Das zweideutige Erbe Darwins. eu 35. 185 Seiten

Klaus Kornwachs. Zuviel des Guten. Von Boni und falschen Belohnungssystemen. eu 27. 219 Seiten

Rolf Landua. Am Rand der Dimensionen. Gespräche über die Physik am CERN. eu 3. 105 Seiten

Robert B. Laughlin. Das Verbrechen der Vernunft. Betrug an der Wissensgesellschaft. Aus dem Englischen von Michael Bischoff. eu 2. 159 Seiten

Daniel Miller. Das wilde Netzwerk. Ein ethnologischer Blick auf Facebook. eu 42. 219 Seiten

Sandra Mitchell. Komplexitäten. Warum wir erst anfangen, die Welt zu verstehen. Aus dem Englischen von Sebastian Vogel. eu 1. 173 Seiten

Oliver Müller. Zwischen Mensch und Maschine. Vom Glück und Unglück des Homo faber. eu 29. 218 Seiten

Staffan Müller-Wille / Hans-Jörg Rheinberger. Das Gen im Zeitalter der Postgenomik. Eine wissenschaftshistorische Bestandsaufnahme. eu 25. 156 Seiten

Stefan Münker. Emergenz digitaler Öffentlichkeiten. Die Sozialen Medien im Web 2.0. eu 26. 144 Seiten

Helga Nowotny / Giuseppe Testa. Die gläsernen Gene. Die Erfindung des Individuums im molekularen Zeitalter. eu 16. 159 Seiten

Michael Pauen / Gerhard Roth. Freiheit, Schuld und Verantwortung. Grundzüge einer naturalistischen Theorie der Willensfreiheit. eu 12. 190 Seiten

Josef H. Reichholf. Stabile Ungleichgewichte. Die Ökologie der Zukunft. eu 5. 138 Seiten

Josef H. Reichholf. Naturschutz. Krise und Zukunft. eu 31. 171 Seiten

Giacomo Rizzolatti / Corrado Sinigaglia. Empathie und Spiegelneurone. Die biologische Basis des Mitgefühls. Aus dem Italienischen von Friedrich Griese. eu 11. 230 Seiten

Margery Arent Safir (Hg.). Sprache, Lügen und Moral. Geschichtenerzählen in Wissenschaft und Literatur. Mit Beiträgen von Roald Hoffmann, Evelyn Fox Keller, Jean-Michel Rabaté und Mieke Bal. Aus dem Englischen von Rita Seuß und Thomas Wollermann. eu 18. 152 Seiten

Wolf Singer / Matthieu Ricard. Hirnforschung und Meditation. Ein Dialog. Aus dem Englischen von Susanne Warmuth und Wolf Singer. eu 4. 133 Seiten

Bernard Stiegler. Die Logik der Sorge. Verlust der Aufklärung durch Technik und Medien. Aus dem Französischen von Susanne Baghestani. eu 6. 190 Seiten

Joachim Schummer. Das Gotteshandwerk. Die künstliche Herstellung von Leben im Labor. eu 39. 240 Seiten

Joachim Schummer. Nanotechnologie. Spiele mit Grenzen. eu 23. 172 Seiten

Peter Sloterdijk. Scheintod im Denken. Von Philosophie und Wissenschaft als Übung. Unseld Lecture Tübingen 2009. eu 28. 149 Seiten

Michael Tomasello. Warum wir kooperieren. eu 36. 141 Seiten